FINDOR
SLY

NDOR
SLYTH

Daniel Radcliff

丹尼爾
雷德克里

脫下斗篷的哈利

當童話成為現實

很多人在幼年時期都有著自己的夢：希望自己是童話裡的小王子、小公主；希望自己長大後能夠像超人般充滿力量，或者是擁有無上的智慧和財富……當然，我們也清楚的瞭解，那只是一個夢而已。然而成年以後，仍會在低頭轉瞬間想起那個美麗的，或許是永遠都不可能實現的夢。

只因年少、只因單純，使得夢想看起來是那樣完美動人，讓人懷念不已，那個和夢境有關的童話和想望，可能終身都無法實現……這樣的缺憾美，讓人百轉千回地丟不掉過去、丟不掉和童年有關的一切可愛事物。但，上帝總是會對某些人格外垂青，所以他們童年綺麗的夢想，實現了。

於是有人用筆，記下那些美麗的、無以復加的故事，例如英國女作家ＪＫ羅琳；有人用肢體語言表達了故事的形式，比如丹尼爾・雷德克里夫。

我們應該感謝他們，讚美他們帶給我們如此的精神食糧。也許，我們可以羨慕他們，或者嫉妒他們，嫉妒丹尼爾小小年紀就擁有大量的財富，因爲那些財富是我們大多數人窮極一生也得不到的。但是，一切的偶然都建立在必然之上，正如灰姑娘不會無緣無故地穿上玻璃鞋，若她沒有一顆善良的心，誰說玻璃鞋就一定屬於她呢?好運氣會眷顧一個人是有條件的。

成功不是一蹴可幾，正是小丹尼爾幼年時期養成的好習慣，使他能夠處處爲別人著想，禮貌對待所有的人。他友善、單純的個性使得周圍的人都很喜歡他。酷愛讀書，使他安靜；喜歡思考，使他理智，小丹尼爾的成功絕非僅是上帝的眷顧。

天下沒有白吃的午餐，也不會無故有天上掉下來的禮物。讀完這本書，你會發現，這是顚簸不破的道理。一切的偶然都蘊藏在必然之中，時間累積，童話就變成了現實。

其實，童話和現實也只有一步的距離——要善於把握。

目錄

第三章　和睦的友誼

第四章　前進霍格華茲

第五章　麻瓜生活

第六章　哈利的魅力

第七章 葛來芬多學院

第八章 迎向未來

第一章
天生的魔法師

天使降臨

一九八九年七月二十三日，英國倫敦，一聲嘹亮的嬰兒哭啼聲向世人宣布一個魔法師的誕生。他就是丹尼爾・雷德克里夫，未來的哈利波特，令全世界著迷且爲之瘋狂的魔法師。

小丹尼爾眨著藍色的眼睛，好奇地打量著這個世界。「這個世界是美麗的。」丹尼爾的父親對流著口水的丹尼爾說道。丹尼爾似懂非懂地眨著眼睛，惹來周圍的護士一陣笑聲。

襁褓之中的丹尼爾很活潑，不像周圍的小孩子一樣吃了睡、睡了吃，也很少哭鬧。那時的丹尼爾已經懂得美醜了，每當有漂亮的護士走過，他便伸出他肉乎乎的小手，口中發出含糊的咿呀聲，彷彿在說「我喜歡你，你抱抱我啊。」

假如漂亮的小護士抱起丹尼爾，他便咧嘴、無聲地笑了；護士如果太忙而沒有時間理他，丹尼爾便露出沮喪的神情，垂頭喪氣地躺著，彷彿一隻待憐惜的小動物，如此的神情常常逗得護士們大笑不已。

那段時間，丹尼爾成了醫院的小天使，很多醫生和護士都會來和他打招呼，丹尼爾興奮地揮舞著小手，小嘴幾乎笑到快合不攏了。

護士們都很喜歡這個可愛的小傢伙。丹尼爾長得像個天使，白到透明的皮膚、金黃的頭髮、藍色的眼睛，還有甜甜的笑容，怎麼看都像是一個落入凡間的小天使。

丹尼爾可不懂什麼是天使，不會說話他只能眨著大眼睛向別人表達自己的感情，大眼睛就這麼眨呀眨的，把護士小姐們的愛心全眨到身上來了，產房裡其他的孩子無形中受到了冷落，無意間使小丹尼爾樹敵無數。

護士們笑著摸著丹尼爾的小腦袋瓜兒說：「你看你，得罪了那麼多的小朋友！」小丹尼爾眨著眼睛，似乎在無辜地抗議：「關我什麼事呢？長得可愛也不是我的錯。」

「你們的孩子長大了一定會相當英俊，應該去試試拍電影。」護士們抱著不停眨眼睛的可愛丹尼爾時，總是如此說道。

之後，丹尼爾離開醫院，準備回自己家中時，值班的護士們都跑來和他告別，丹尼爾咿咿呀呀的說著別人聽不懂的話，好像在向喜愛他的護士

們道別。「丹尼爾，將來成了大明星可不要忘記我們啊！」護士們說著，丹尼爾則發出含糊的嗚嗚聲，彷彿說著「一定，一定！」

一切似乎都在冥冥中註定，父親發現一歲的丹尼爾對魔術產生了興趣，他從同事那學會了一個簡單的、從手指中變出硬幣來的小魔術。在與丹尼爾玩耍的同時，父親便表演了這個魔術，丹尼爾興奮得手舞足蹈，他抓住父親的手，在掌心中試圖找出硬幣藏在哪裡，遊戲反覆進行，直到丹尼爾累到睡著為止。

看到丹尼爾對魔術這麼感興趣，身為父親，當然要把這一項本領發揚光大，所以，丹尼爾的爸爸買來有關魔術的書籍，並自學了起來，一本書讀完，幾乎成了一個真正的魔術師。當然，最開心的還是小丹尼爾，「魔術真是神奇啊！」丹尼爾睜大眼睛在父親的手掌中找來找去，就是找不到那個神秘的「第三隻手」。

丹尼爾的另一個嗜好是照鏡子。當父母忙各自的事情時，便會在丹尼爾面前放一面鏡子，此時丹尼爾便把魔術拋到九霄雲外，他看著鏡中的自己，嘴裡咿呀地說個不停，彷彿在說：「這就是我嗎？怎麼長得這麼可

愛？」若沒有人把鏡子拿走，小丹尼爾大概就會這麼地照到地老天荒……

「你這個臭美的傢伙。」媽媽抱怨著丹尼爾，因爲她總得在上班前和丹尼爾爭奪鏡子一番！

儘管他還不大會說話，小丹尼爾卻是家庭聚會的主角。

每次父母的朋友來家裡拜訪，丹尼爾都開心地向大家表演誰都看不懂的魔術。看到小丹尼爾那麼認眞、賣力地表演，且不管成果如何，都該鼓勵，所以，此起彼落的掌聲，讓丹尼爾開心得紅了小臉，甚至連口水都沾濕了胸前的衣襟呢！

快樂的電視時代

身爲獨子，父母對丹尼爾的疼愛可想而知，但疼愛不等於溺愛，在這一點，父母兩人達成共識：要好好教丹尼爾讀書。長大後的丹尼爾喜歡閱讀、寫作，也喜愛思考，做事總有自己的想法，這是幼年時期父母培養出來的好習慣。

小丹尼爾有著旺盛的求知慾，他不僅僅滿足於父母爲他買來的畫冊，更多時候，他會爬到父親的書桌上，著迷地看著父親的那些厚重書籍。

「這孩子，長大了不會是個書呆子吧！」母親不無擔憂地說，因爲丹尼爾看書的神情總是呆呆、傻傻的。

雖然沒有閱讀能力，但小丹尼爾三歲的時候已經聽過了所有《安徒生童話》，四歲的時候也聽完了《格林童話》。丹尼爾在一群小朋友中像是一個知識淵博的小老師，他經常會講各種童話故事給其他小朋友聽。

「從前有一位漁夫……」丹尼爾認眞講述的神情連上門拜訪的推銷員也爲之駐足。不久以後，附近的鄰居都知道這裡有一位會講故事的丹尼爾，丹尼爾成了周圍人眼中的明星。

丹尼爾家美麗的庭院是鄰居小朋友們自由活動的場所，丹尼爾常在這兒講故事。

「丹尼爾，好孩子，你是這群孩子的榜樣。」家長們來接自己的孩子時，總是慈愛地對丹尼爾說。丹尼爾有些害羞地低下頭：「馬丁太太，這是我的榮幸。」雖然有些吐字不清，他還是有禮貌地說道。

三歲時丹尼爾便開始讀淺顯易懂的書，每到週末，父親會帶他到書店挑自己喜歡看的書，丹尼爾愼重其事地指指點點：「我要看這本，還有這本」。父親一看，全是烹飪書籍。原來小丹尼爾被書籍絢爛的色彩給吸引了。

丹尼爾翻閱父親的魔術書籍，雖然看不懂文字，但是五顏六色的插圖看起來美麗極了。有時候，丹尼爾會帶著小朋友玩圖畫遊戲，在遊戲中，他有一盞神奇的燈，可以滿足三個願望：「主啊，請給我五塊麵包吧。」原來丹尼爾餓了，一旁的母親偷偷地笑了，便走到廚房拿麵包和果汁款待丹尼爾和他的朋友們。

丹尼爾喜歡看卡通「辛普森家庭」，每回節目一播放，他眼睛眨也不眨的，看得非常認眞。

「丹尼爾，長大了你也去當演員，演電影給我們看好嗎？」母親對丹尼爾說，三歲的他儘管不明白其中意思，還是鄭重其事地點了點頭，一本正經的樣子逗得母親發笑。

丹尼爾看完電視，總是會急著告訴父親節目好或是不好的想法。父親

便藉此啓發他表達和分析能力。若丹尼爾有些著急，答不出來，「觀察要有自己的原則，著急是沒有用的。」父親慢慢地教導他。慢慢地，丹尼爾可以評論電視節目了，那嚴肅認眞的口氣，看不出只有三歲。

父母從來不限制丹尼爾看電視，他想看什麼節目都可以，丹尼爾的生活便在書籍和電視之間交替。比起同年齡的孩子，他有著很大的自由空間。

在自家的庭院中，丹尼爾還擁有一片園地。面積雖不是很大，丹尼爾卻作了充分的運用，種菜、種花，甚至還種一片小草，母親也爲他買了一組園藝工具。每到下午時分，丹尼爾便開始澆水、施肥和鋤草，井然有序地忙碌著。有一次，丹尼爾的蕃茄樹長出一顆小蕃茄，從那天開始，他每天起床之後的第一件事就是到庭院裡關心蕃茄樹，甚至還講故事給它聽。蕃茄在精心照顧下漸漸結實，等到成熟那天，丹尼爾在母親幫助下把蕃茄一顆顆摘下來，爲當天的晚餐加了一道「蕃茄蛋花湯」。

丹尼爾吃得津津有味，更能體會俄國童話《漁夫和金魚》中的眞諦，「爸爸，假如那個老太婆願意工作的話，她一定很快樂。」丹尼爾喝著湯說

道，父親贊許地點點頭：「是的，丹尼爾，自己動手做，收穫會更珍貴，更能爲自己帶來快樂。」

成長的快樂

丹尼爾也有淘氣的時候，自從聽過《尼爾斯的奇妙冒險》（另譯：小神童）的故事後，丹尼爾也想像尼爾斯那樣騎著鵝環遊世界。但是家裡沒有鵝，於是丹尼爾便把注意力放在母親養的貴賓犬，卡里斯身上，這一騎，結果使卡里斯休養九天才恢復原來活潑的樣子。

這件事使丹尼爾一個禮拜不能吃最愛的瑞士糖，同時他也明白書本是書本、生活是生活的道理。但可愛的貴賓犬卻沒有因此與丹尼爾交惡，無論丹尼爾走到哪裡，卡里斯還是緊緊地跟著他。

「丹尼爾，卡里斯簡直是你的啦，牠現在根本不理我呢！」母親有一次向丹尼爾抱怨說。「哦，媽媽，卡里斯是我的，我是你的，所以牠還是你的。」丹尼爾狡猾地回答。

丹尼爾最愛的事就是全家出遊。在倫敦各處郊區，丹尼爾留下了年少的快樂光陰，燦爛的陽光帶給他快樂的笑容，所以，丹尼爾總是微笑著，這樣的笑容爲哈利波特贏得了好口碑。難怪有人說，哈利之所以成功，是因爲丹尼爾有著令人愉悅的笑容。

「丹尼爾，爲什麼你總是這麼快樂呢！」鄰居到丹尼爾家作客，丹尼爾開朗的笑容總是讓客人們感動。

三歲的丹尼爾已經知道向漂亮小妹妹獻殷勤了，鄰居伊麗莎也是一位三歲的漂亮小女孩，丹尼爾很喜歡她，常常把自己的糖給她。伊麗莎的父母很忙，她常和丹尼爾一起度過空閒時光，當丹尼爾家的保姆一忙或有事耽擱，丹尼爾就得肩負起照顧伊麗莎的責任。

曾經有一次伊麗莎突然發燒，父母們不在家、保姆偷溜出去約會，丹尼爾又驚又怕，不知道該怎麼辦，只好拚命讓伊麗莎喝水，直到她父母下班，才趕緊把伊麗莎送醫。醫生表示，多虧丹尼爾餵她喝大量的水，否則伊麗莎罹患急性肺炎的可能性會提高。

「丹尼爾，你是勇敢智慧的孩子，眞了不起。」伊麗莎的父母贊揚丹尼

爾，丹尼爾害羞地低下頭，偷偷地看著伊麗莎笑了。

幼年的丹尼爾有著很高的同情心，每當看到路邊有人乞討，他總是會把手中的零食送給對方，那時的丹尼爾還不了解金錢的重要性，他以爲乞討的人和他一樣喜歡吃零食，所以常常把手中吃了一半的巧克力給人家。後來，每次出門之前，父親都會爲他準備幾個銅板，讓他施捨給乞討者。

「爲什麼他們喜歡銅板而不是巧克力呢？」丹尼爾好奇地問父親。

「你餓的時候最想吃什麼？」父親反問。

「麵包。」丹尼爾想了想回答說。

「是啊，他們都是餓著肚子乞討的，所以最想要的是麵包，銅板可以買到麵包，巧克力卻不行，記住，給別人他需要的東西。」

丹尼爾似懂非懂地點點頭，「將來，我要開一間麵包店，給這些乞討的人吃。」丹尼爾認眞地說。

父親贊許地笑了：「是的，他們最需要的是麵包，給他們麵包是最好的方式。所以要給別人需要的東西，否則就達不到目的了。」看到丹尼爾滿臉不明白，父親繼續說：「例如，你現在很口渴，需要水，可是我只肯

給你麵包，你會不會著急？」

「哦，我明白了」，丹尼爾想了一會兒說道，「就像伊麗莎喜歡巧克力，我卻給她瑞士糖，這樣她就會不開心，她不開心，我也會不開心的，是不是這樣？」

「是的，父親微笑著抱起丹尼爾，記住，一定要站在對方的角度思考問題，如此，答案才夠完美。」

丹尼爾藍色的眼睛眨啊眨的，充滿了靈性。

外星人探險

小丹尼爾對周圍的一切都充滿了好奇，花兒爲什麼會開？卡里斯爲什麼不會說話？爲什麼伊麗莎可以穿裙子而自己卻不可以……丹尼爾每天都有很多奇奇怪怪的問題，父母常被他問的張口結舌。

「丹尼爾，去讀書吧，書裡可以找到你要的答案。」父親耐心地說。

有一次，丹尼爾在書中看到有關外星人的照片，並從父親那裡了解

到，對人們而言，外星人是另一個世界的生物、是一個完全陌生的世界。

「爸爸，我要找外星人，」丹尼爾眨著大眼睛說，「我喜歡這些大頭的人。」丹尼爾指著外星人照片認眞地說道。

「好啊，如果你能夠發現外星人的話，就會成爲一位小超人。」父親鼓勵丹尼爾，「哦，超人，我喜歡。」丹尼爾歡呼起來。

「可是，到哪裡去找外星人呢？」丹尼爾發愁。

「在我們的花園裡找找看啊，很多童話故事都發生在主角的花園裡，不是嗎？」父親提示道。

「是啊，小公主就是在自家花園裡發現青蛙王子的，也許外星人就躲在那棵櫻桃樹下呢。」丹尼爾興奮地說道，「我現在就去找……」說完，便跳下沙發往外頭跑。

「哦，丹尼爾，外星人已經睡了，你看，現在是九點，他們早就睡了，你也應該去睡了，明天再去找他們。」父親拉住向外跑的丹尼爾說。

「好的，爸爸，晚安。」丹尼爾乖乖地說。第二天，丹尼爾果眞早起，開始了尋找外星人的探險活動。

「丹尼爾，眞的有外星人嗎？外星人是不是和我們一樣？」伊麗莎好奇地問道。

「是的，伊麗莎，外星人是我們的朋友，我會給他們吃巧克力的。」丹尼爾認眞地說。

忽然，丹尼爾驚喜地大喊：「哎呀，伊麗莎，你看，我眞的找到一個外星人。」

在櫻桃樹下，有一個黑黑圓滾滾的物體正趴在那兒一動也不動！

「怎麼辦？丹尼爾。」伊麗莎緊張地問道。

「我想他是睡著了，沒關係，我拿巧克力給他。」丹尼爾飛奔到房間，拿了心愛的巧克力出來。「嗨，我是丹尼爾，她是伊麗莎，你叫什麼名字？」丹尼爾和「外星人」打招呼。

那個黑黑的物體動了動，「汪汪！」

咦，原來是卡里斯在睡覺。

「討厭的卡里斯，你爲什麼不在自己的家睡覺。」丹尼爾沮喪地埋怨卡里斯，卡里斯莫名其妙地看著丹尼爾，不知道自己犯了什麼錯。

那天，丹尼爾很失落，無論伊麗莎怎樣逗他，他都開心不起來。

「丹尼爾，外星人不是一下子就能找到的，只要你有耐心，遲早可以找到。」父親安慰丹尼爾。

丹尼爾的父母給了丹尼爾很大的自由發展空間，他們從來不要求丹尼爾應該做什麼不應該做什麼，只要是丹尼爾有興趣的，他們就會鼓勵他去嘗試，即使是丹尼爾犯了錯，他們也只是耐心地給予正確引導。

父親酷愛鬱金香，特地空出花園的一個角落，種上了心愛的鬱金香。

有一天，丹尼爾和一群小朋友在花園裡玩捉迷藏，小朋友們看到一大片花海，高興得躲了進去，無意間使一大片鬱金香全倒了下來。那天下午丹尼爾知道自己闖了禍，拼命地、試圖將倒在地上的鬱金香恢恢復原狀，當然他知道這個動作於事無補，於是誠實地向父親承認錯誤。意外的是，父親沒有責備他。

「丹尼爾，人在成長過程中會犯很多錯誤，最重要的是要認清錯誤，並且勇敢地承認。鬱金香可以再種，但誠實的心要是失去了，是很難找回來的。」父親對丹尼爾說道。

丹尼爾想了想：「我懂了。」

「丹尼爾，做人一定要誠實。」父親贊許地點點頭。

我是丹尼爾

丹尼爾的父母很喜歡電影，當演員一直是他們的夢想。當年兩人去考電影班，卻雙雙落選，他們爲此有好長一段時間不開心，但隨著時間的推移，夢想漸漸地淡忘了，然而自丹尼爾出生後，兩人便把當演員的希望寄託在丹尼爾身上。

丹尼爾兩歲時，已經是家庭活動中的重要分子，每天過晚飯後，家庭活動時間拉開序幕，這時父母通常會挑電影或是書中的某段經典情節進行排演，此時，丹尼爾是唯一的觀眾。當父母排演完，總是期待地問丹尼爾「怎麼樣？」丹尼爾什麼也不懂，只知道拍著自己的小手，彷彿在評論父母表演的好壞。

五歲後，丹尼爾可以在父母的電影中扮演各種的角色，有時候是小王

子、有時候是小乞丐，甚至還要扮成卡里斯的同伴，由於人數不足，也會分飾多角。這樣的經歷爲丹尼爾日後拍攝《哈利波特》鋪下了成功的基石。

「演員是什麼？我們爲什麼總是要演戲呢？」丹尼爾問。

「演員是一種職業，就像醫生和律師一樣，是一種工作，付出心力就會有薪水，演戲也是。」父親略帶惆悵地說，因爲他還沒有拿過演員的薪水。

「既然爸爸和媽媽喜歡，我以後就當演員。」丹尼爾爽快地說。

漸漸地，丹尼爾積累出拍電影的心得，父母不在家時，他和伊麗莎開始演起電影，卡里斯通常扮演丹尼爾的角色，不過，卡里斯沒那麼好的耐性，常常在演到一半時就開溜了。害丹尼爾在關鍵時刻找不到說話對象。當然，他們扮演的角色都相當簡單，通常，丹尼爾演一位下班回家的爸爸，伊麗莎演在家煮飯的媽媽，卡里斯則是他們的兒子。

「丹尼爾，卡里斯爲什麼是兒子呢？牠不可以是女兒嗎？」伊麗莎抗議。

「好吧，卡里斯就演女兒吧。」丹尼爾表現得很有紳士風度。於是，卡里斯就這麼輕易地改變了性別。

情節通常是這樣的：丹尼爾拿著父親的公事包，回到家中，伊麗莎正在烤麵包，他們的女兒——卡里斯躲在角落裡吃狗食。

「寶貝，我回來了。」丹尼爾一進門說。

「親愛的，你回來了。」伊麗莎迎接。

這個時候，卡里斯也應該跑過去迎接回家的父親，也許，卡里斯覺得這個遊戲過於單調（反正牠從來不配合），只是賣力地吃自己的狗食，偶爾不耐煩地看他們一眼。

父親對丹尼爾的演出給予極大的肯定，並為他修改劇本，還特地把伊麗莎的父母請過來看他們的演出，丹尼爾很激動，賣力的表演。

週末，父親經常帶丹尼爾到公園玩耍。

「丹尼爾，公園裡有各種不同的人，你要仔細觀察他們的神態。」父親說，「一位成功的演員，首先要學會觀察，你看，那邊那個匆匆忙忙的人，肯定有急事。」

「呵呵，這種觀察我也會。」丹尼爾說，「看那個穿著黑夾克的年輕人，我肯定他要去洗手間。」丹尼爾自信地說。

「爲什麼？」父親奇怪地問。

「難道你沒有發現，他已經走到洗手間門口了嗎！」丹尼爾大笑著說。

父親也經常帶丹尼爾去上表演課，由於丹尼爾長相俊美，周圍的人總是喜歡他，還經常打趣的叫他「小女孩」。每次聽到這三個字時，丹尼爾總是面紅耳赤地爭辯：「我是丹尼爾，我不是小女孩，我是男生，伊麗莎才是小女孩！」周圍的人善意地笑了起來。

「丹尼爾，你長得這麼漂亮，眞的像是一位小女孩呢！」

「爲什麼我長得像女孩呢？」丹尼爾很苦悶，苦惱的看著鏡子中的自己問父親。

「長得像女孩沒什麼不好的，丹尼爾。」父親安慰他，「這說明你很可愛，大家都喜歡你，等你長大一點，自然會像一個健壯的男孩子了。」

丹尼爾眨著藍色的眼睛：「這麼說，他們不是在嘲笑我囉。」

「當然不是，他們是喜歡你的。」

以後，別人再叫他小女孩的時候，丹尼爾不再像以前那樣著急，只是輕聲的說：「我是丹尼爾，不過你叫我小女孩我也很高興，因爲我知道那表示你喜歡我。」

慢慢地，沒有人再叫他小女孩了，大家都親切地叫他「可愛的丹尼爾」。

勤勞的快樂

丹尼爾雖然很可愛，有著好人緣，但他也有一些不好的習慣。

小丹尼爾有賴床的習慣，每天早上，媽媽總是要費很大力氣才能把丹尼爾從被窩裡拖出來，這讓媽媽很苦惱，因爲上班經常遲到。

「放心，我有辦法的。」父親安慰媽媽。

星期天的早上，父親照例帶丹尼爾到公園玩，但這一次父親帶他走了一條以前不曾走過的路。

「咦……爸爸，以前走的不是這條路……」丹尼爾奇怪地問道。

「嗯，你不覺得這條路的風景很美嗎？」父親說。

「是的，我喜歡那些棕櫚樹。」丹尼爾興奮地指著兩邊一排排整齊的棕櫚樹說道。

在棕櫚樹下，有一些流浪漢正躺在地上曬太陽。

「爸爸，那些人爲什麼要睡在路邊呢？他們沒有家嗎？」丹尼爾好奇地看著他們。

「對，他們沒有家，他們是流浪漢。他們當中，有些人是沒有工作能力的，只好四處流浪，靠乞討度日，我們應該同情這種人，並盡可能地幫助他們。」父親對丹尼爾說，丹尼爾點點頭。

父親繼續說道：「另一部分的人身體健壯，有工作能力，可是他們太懶惰了，只願享受而不願付出。所以，也只能靠乞討度日，對於這樣的人，我們不應該過於善良，不勞而獲的人是可恥的，會挨餓是自找的，不能濫施我們高貴的同情心。」

「他們爲什麼這麼懶惰呢？」丹尼爾問。

「勤勞是從小培養出來的，例如小時候總是不肯起床，慢慢地就會養成懶惰的壞習慣。」父親看著丹尼爾說道。

丹尼爾有些害羞地說：「爸爸，你越來越酷了，竟然可以轉個彎對我講道理。」

「我不是在教訓你，是教你做人的道理。」父親笑著摸摸丹尼爾的頭說。

「我知道了，我以後會做一位勤勞的孩子，早上不再讓媽媽費力叫我。」丹尼爾拍著自己的小胸脯說。

之後，丹尼爾果眞不再賴床，每次媽媽起床後，丹尼爾也跟著起來，陪媽媽一起作早餐！

「我們家的丹尼爾越來越像一位男孩子。」吃早餐的時候，母親自豪地說道。

「我的理想是當一個像超人一樣的人，所以，以後再也不會偷懶了，也不再睡懶覺，我可不想長大後成爲一個好吃懶做的流浪漢。」丹尼爾邊吃起士邊說。

「記得你說過的話，不要轉身就忘記了。」父親調侃丹尼爾。

「當然不會忘，我說到做到。」丹尼爾肯定地說。

藉此，父親又送丹尼爾一隻小牧羊犬作爲聖誕禮物，他爲牠了一個名字：卡里特。讓牠和卡里斯作伴。

「爸爸，我會好好照顧牠的。」丹尼爾說。

家裡有了兩隻小狗，丹尼爾的日子可是既忙碌又豐富。但卡里斯和卡里特並沒有如丹尼爾所願地成爲一對好朋友，相反的，牠們互相討厭，卡里斯每次看到卡里特，總是毫不客氣地朝牠大喊大叫，彷彿在說：「走開，這是我的地盤。」卡里特也很不客氣地對著卡里斯亮出自己的爪來，眼看一場熱鬧的爭鬥就要開始。

「哦，卡里斯，你不應該這樣自私的。」丹尼爾充當說客的角色，不過他當然是不能偏心的，「卡里特，你應該謙虛一點。」

沒想到兩隻小東西都不聽他的話，丹尼爾只好費力地把卡里特拖到房裡鎖了起來，這樣牠們才不會繼續爭鬥。

「本來想讓你們作伴的，誰知道你們互看不順眼。」丹尼爾有些喪氣地說。沒辦法，只好分開養，這樣才相安無事。

丹尼爾就是在這樣的良好環境中漸漸成長，開明的父母爲他以後健康的形象奠定了良好基礎。

好奇的孩子

隨著年齡的增長，丹尼爾的好奇心也越來越強，他對人的出生很好奇，總是不停地問父親自己從哪裡來。

「爸爸，告訴我啊，伊麗莎的媽媽說她是從垃圾堆裡揀來的，我是不是也是從垃圾堆裡揀來的啊？」這是丹尼爾不能理解的問題，伊麗莎是那麼乾淨，怎麼可能是從垃圾堆裡揀來的呢？如果伊麗莎是從垃圾堆中揀來的，自己毫無疑問地，也是從垃圾堆中揀來的，肯定是這樣。這結果令丹尼爾覺得沮喪。

父親說：「每個人的出生方式都是不同的，你和伊麗莎不一樣，你是從雲端掉下來的。」丹尼爾藍色的眼睛充滿了好奇，自己是從那漂亮的白色雲朵掉下來的啊？丹尼爾看看自己的手指，那我就不是髒孩子了。

「有一天，我和你媽媽去海灘散步，那天天氣很好，一朵白雲在我們頭頂上飄呀飄的，我們伸出手，你就從雲朵掉下來了。」父親笑著說。

「那我是上帝的孩子囉？」丹尼爾表示懷疑。

「是的，上帝的孩子就是天使，每個小朋友都是天使。」媽媽和藹地說道。

「老師說，每個天使都有兩個守護神，我也有嗎？」丹尼爾想起幼稚園老師的話，便問媽媽。

「是的，我和爸爸就是你的守護神，我們守護著你，一直到你長大。」母親對丹尼爾說，「在我們的翅膀下，你可以快樂地成長。」

「翅膀？」丹尼爾越發的奇怪了，「你們的翅膀在哪裡？讓我看看。」丹尼爾在母親的背後找了起來。

「呵呵……丹尼爾，快點長大，長大了就可以看到我們的翅膀了。」父親大笑著抱起丹尼爾。

「長得像你們那麼大有點困難。」丹尼爾一本正經地說，「長的和卡里特一樣大倒不是問題。」丹尼爾嚴肅的神情把父母逗的哈哈大笑起來。

儘管丹尼爾還看不懂書本，可是他對書籍已經產生了濃厚的興趣，常常在父親的書堆中爬來爬去，翻翻這本、看看那本，饒有趣味的樣子很可愛。

當然，文字看不懂，他只能看著那些漂亮的圖畫，問父親許多奇奇怪怪的問題，「這孩子，將來不會是書呆子吧？」看著丹尼爾癡迷的樣子，母親擔憂地說。

「怎麼會呢？」父親立即反駁，「小丹尼爾有好奇心是一件好事，我們應該鼓勵他的。」

丹尼爾的閱讀速度驚人，父親的書，他很快就「看」完了，於是，他的好奇心穿過父親的書房，逐漸向外延伸。

伊麗莎的父親有著豐富的藏書，丹尼爾徵得他的同意後，將自己的求知領域擴展到了伊麗莎父親的書房內。這可苦了卡里特和卡里斯，陪牠們玩耍的丹尼爾常常不見了，這可怎麼辦？於是，牠們把房間弄得天翻地覆，希望能夠找到親愛的丹尼爾。母親回來後，驚奇地發現，家中彷彿遭遇了浩劫一般，凌亂不堪。

「OH, My God！丹尼爾，這可不行，你出去的時候一定要告訴你的朋友。」母親嘆息的說道，「作爲一個有責任心的男子漢，你要爲你朋友闖的禍負責」。

丹尼爾氣憤地看著卡里特和卡里斯，知道自己闖禍的卡里特和卡里斯羞愧地低下頭，仿佛在說：「對不起了，丹尼爾。」後來，母親和丹尼爾一起整理凌亂的房間。

「媽媽，對不起，以後不會再發生這樣的事情了，我向你保證！」望著煥然一新的房間，丹尼爾挺著小胸脯，向母親保證。母親看著丹尼爾認眞的表情，欣慰地笑了。

經過考慮，丹尼爾決定把依麗莎父親的書借回家看，如此，他既可以照料卡里特和卡里斯，也可以看到自己想看的書。

家中常常是這樣的畫面：丹尼爾坐在溫暖明亮的房間內，認眞地「閱讀」手中的書本，窗外的卡里特和卡里斯則愜意地閉著眼睛，悠閑地曬太陽。

我是男子漢

丹尼爾有著一張漂亮臉孔，人們總是特別給予許多關愛，所以，他的成長可以說是一帆風順。作爲一個處處受歡迎的孩子，丹尼爾並沒有恃寵而驕，相反的，每次別人誇獎他時，他總是笑著說謝謝，十足小紳士的樣子。此外，小丹尼爾還懂得如何照顧人。

有一次，伊麗莎生病了，碰巧她父親到芝加哥出差，母親也要工作，一籌莫展，不知如何是好。丹尼爾看看伊麗莎，又看看發愁的伊麗莎的媽媽，便說：「阿姨，我可以替你照顧伊麗莎，眞的！」

「你？」伊麗莎的媽媽表示懷疑。

「我已經五歲了。」丹尼爾挺起小胸膛說，「你只要告訴我伊麗莎應該吃什麼藥，我一定會照顧好她的。」

後來，伊麗莎的媽媽將伊麗莎要吃的藥分裝在彩色的袋子內，並告訴丹尼爾：「午餐後吃紅袋子的藥，晚餐後吃藍袋子的藥。」

丹尼爾仔細地把藥收好：「我知道了，午餐候吃紅袋子的藥，晚餐候

吃藍袋子的藥，你放心吧，我和卡里特會一直陪著伊麗莎。」

「丹尼爾，你眞是個好孩子。」伊麗莎的媽媽看著他認眞說道。

丹尼爾害羞地低下頭，在面對別人表揚時，他總是如此害羞。

伊麗莎的媽媽出門後，丹尼爾細心照顧著伊麗莎，並把自己化妝成一位小巫師，爲伊麗莎帶來快樂。只見丹尼爾頭上頂著一個破舊的紙簍，身上披條大浴巾，耳朵邊插著鵝毛，鼻子塗成了艷麗的紅色，鼻樑上是父親的大墨鏡，「哈哈……小女孩，我要把你變成一隻小狗。」丹尼爾壓低自己的嗓門，模仿巫師的聲音說道。卡里特和卡里斯也加入了他們的遊戲，快樂地跑來跑去，興奮得不知如何是好。

伊麗莎開心地笑了起來：「我也有鋒利的牙齒喔，你敢咬我的話就慘了……」伊麗莎也壓低嗓門回答丹尼爾。

一天很快就過去了，在丹尼爾細心照料下，伊麗莎忘記了病痛糾纏的煩惱，回到原先活潑可愛的女孩。

「丹尼爾，應該給你什麼獎勵呢？」伊麗莎的媽媽回來後，發現伊麗莎好了很多，便開心地對丹尼爾說。

「伊麗莎是我的好朋友，我應該照顧她，不需要什麼獎勵。」丹尼爾搖頭拒絕。

和丹尼爾同住一社區的有一位叫約翰的男孩，他和丹尼爾童年，可是這個滿頭金髮的小男孩總是喜歡惡作劇，和丹尼爾一群小朋友一同玩耍時，老是偷偷地抓丹尼爾的頭髮，或者是把髒水塗到大家的背上。漸漸地，大家都不喜歡和約翰玩，但約翰不以為意，照樣捉弄人，惹人厭煩。每當有乞討的人經過時，約翰甚至會拿小石子扔向他們，口中還不停的喊道：「抓賊啊，抓賊啊！」乞討的人受到驚嚇，落荒而逃，於是約翰刺耳的笑聲便充滿了周圍人的耳朵。

「爸爸，約翰這樣做是不是很討厭？」丹尼爾對父親說，「我很討厭他那樣子老是欺負別人。」

「是的，沒有禮貌的孩子人人都討厭。」父親對丹尼爾說。

有一次，丹尼爾和伊麗莎在大門口玩耍的時候，約翰走了過來，丹尼爾和伊麗莎不想理他，便假裝沒看見，沒想到約翰卻肆無忌憚起來，揪住伊麗莎的頭髮不放，使伊麗莎痛得哭了起來。

「約翰，你老是欺負別人，不是一個好孩子。」丹尼爾抓住約翰的手，氣憤地喊道。

「關你什麼事？」約翰嘴硬地說，兩個孩子扭成一團，伊麗莎嚇得大哭起來，直到他們各自的父母趕來之後，約翰和丹尼爾才鬆開手。

「爸爸，我把那壞小子揍了一頓。」丹尼爾揉著自己被抓疼的手，自豪地對父親說。

「丹尼爾，雖然打架是一件不好的事，但是你今天很像一個男子漢。」父親對丹尼爾說道。

約翰哭哭啼啼地回到家中，以後，他再也不敢欺負小朋友了。

動物好伙伴

丹尼爾的愛犬卡里特最近有造反的跡象，牠變得有些不安分，不但把自己的小窩翻得一塌糊塗，還把卡里斯的窩弄得一團糟，卡里斯又氣又恨，可是打起架來牠卻又不是卡里特的對手，只好躲在一邊，充滿怨恨地

看著卡里特耀武揚威。

「卡里特，你這樣做是不對的，」丹尼爾訓斥卡里特，「把自己的窩弄的一團糟就算了，竟然把卡里斯的窩也弄成這個樣子，你是怎麼啦？」

卡里特低下頭，很害羞的樣子，可是，丹尼爾一個轉身，他又故技重施，繼續的搗蛋，甚至搞得整個花園烏煙瘴氣。

丹尼爾氣得要命，又不知道該怎麼辦，只好把卡里斯帶回客廳，遠遠地離開討厭的卡里特，卡里特看到丹尼爾和卡里斯離開，更加瘋狂，牠撒開腳丫，瘋了似的在花園裡跑來跑去，連前來覓食的小鳥也受到了驚嚇，張著翅膀飛得沒了蹤影。

「這個討厭的卡里特！」丹尼爾對卡里斯說，「你可不要學牠哦！」卡里斯仿佛聽懂了般點點頭，「還好，你不像牠那樣。」丹尼爾看著有些發瘋的卡里特說道。

爸爸下班後，丹尼爾向他告卡里特的狀，「爸爸，卡里特今天不知發了什麼瘋，竟然把整個花園弄得一團糟，眞是討厭。」

「你有沒有想想牠爲什麼會這樣呢？」父親問丹尼爾，「其實，動物和

人一樣都有自尊心，假如你不重視牠，或者對牠視而不見，有時牠可能會做出一些討厭的動作來，試圖引起你注意。」

丹尼爾好奇地說：「我怎麼從來沒有想過這個問題？我以爲牠們不會說話就是沒有思想，沒想到牠們和我一樣，也有自己的喜好。以後，我要好好對待牠們。」丹尼爾若有所思地看著安靜的卡里斯說。

「今天是不是你做了什麼讓卡里特不開心的事？」父親一邊爲卡里特準備食物，一邊問丹尼爾。

丹尼爾托住腦袋，苦思了起來。卡里斯依偎在丹尼爾的身邊，低著頭，彷彿也在思考著什麼。

父親拿出爲卡里特準備的食物，「吃吧，卡里特，請原諒丹尼爾的無心過錯，我想，他一定不是有意要傷你的心的。」卡里特嘴裡發出嗚咽聲，好像贊同父親的話，父親則摸了摸卡里特的頭。

「爸爸，我知道了。」丹尼爾忽然從房裡跑了出來，卡里斯跟在他的後面。丹尼爾蹲下來，抱住卡里特的脖子，「卡里特，對不起，我昨天答應今天帶你去伊麗莎家的花園捉蚯蚓的，是我忘記了，你能原諒我嗎？」卡

里特低著頭，很委屈的樣子，丹尼爾的心都要碎了，「對不起，我以後不會再這樣了，我們明天去好嗎？」他一邊說一邊溫柔地揉著卡里特的背，卡里特伸出溫熱的舌頭，不停舔著丹尼爾的手，深邃的瞳孔裡似乎還有哭泣過的痕跡。

「爸爸，牠原諒我了。」丹尼爾興奮地喊道。

「丹尼爾，好好地關心牠們，牠們和你一樣，都是有思想和尊嚴的。」父親摸摸卡里特和卡里斯說。

第二天，丹尼爾早早地起床，他把卡里特打扮得漂漂亮亮，還在牠的頭上綁了一個蝴蝶結，但卡里特不喜歡。在卡里特激烈的抗議下，丹尼爾只好取下蝴蝶結，換上父親的一頂舊帽子，就這樣，卡里特得意洋洋地戴著帽子，和丹尼爾一道來到了伊麗莎家的花園中。

那天，丹尼爾玩得快樂極了，他在園裡盡情地捉蚯蚓，卡里斯也流露出前所未有的熱情，第一次，他是那麼積極地配合著卡里特。

「丹尼爾，你眞幸福，有兩個這麼可愛的朋友。」伊麗莎羨慕地說道。

「是的，牠們都是我的好朋友。」丹尼爾大聲地說。遠處的卡里特和卡

里斯停下動作看著丹尼爾，彷彿贊同丹尼爾的話。

蘋果的去處？

丹尼爾最大的願望就是在自家花園裡種一棵蘋果樹，如此，到秋天的時候，他就可以吃到自己最喜歡、又大又甜的蘋果。

父親說，由於氣候的原因，倫敦不適合蘋果樹生長，丹尼爾的願望不大可能實現。丹尼爾知道父親說的是實話，有些失望。

失望的丹尼爾只能幻想：花園裡有一棵大蘋果樹，春天會開很多花，引來許多的蝴蝶，因爲媽媽只允許他每天吃一顆蘋果，所以秋天的時候，又大又紅的蘋果成熟了，他和伊麗莎可以坐在蘋果樹下，想吃多少就吃多少。當然，這些都是丹尼爾的幻想，現實中的丹尼爾仍是每天吃一顆蘋果，花園中也沒有蘋果樹。

「總是有些事是我們做不到的，伊麗莎。」丹尼爾愁眉苦臉地向伊麗莎訴苦。

有蘋果吃就可以了，為什麼一定要有蘋果樹呢？」伊麗莎實在是不明白丹尼爾的願望，「我每天吃一顆蘋果就可以了，如果，你眞的是那麼喜歡蘋果，我可以把我的送給你吃。」伊麗莎很大方的說，藍色的眼睛好奇地看著煩惱不已的丹尼爾。

媽媽買了十顆又大又紅的蘋果回來，「丹尼爾，記住，每天只能吃一個。」媽媽把它放在桌子上，同時回頭對丹尼說。

「知道啦，你已經說了很多遍了。」丹尼爾有些不大高興。

「對不起，丹尼爾，媽媽不應該這樣反覆的提醒你，我知道你不會多吃的。」媽媽知道自己無意間傷了丹尼爾的自尊心，誠心地向丹尼爾道歉。

「沒關係的，媽媽，我明白你的意思。」丹尼爾乖巧地說。

每天午飯後，丹尼爾都會吃一個蘋果，偶爾，他也會分一點給卡里斯，卡里斯便興高采烈地吃了起來，「原來你也喜歡蘋果。」丹尼爾沮喪地說，那就意味他以後只能吃半個蘋果了，不然，作為好朋友，怎麼能忍心讓卡里斯眼巴巴的看著他吃蘋果呢。

第八天，丹尼爾對媽媽說蘋果只剩下一顆，明天記得再買一點回來。

「怎麼會？丹尼爾，應該還有兩顆蘋果啊！」母親疑惑地問丹尼爾。

「我沒有多吃，每天一顆蘋果，還是和卡里斯分著吃的呢！」丹尼爾看著媽媽說道。

「丹尼爾，我相信你，你向來是誠實的孩子。」媽媽溫柔的說道。

「你是說卡里斯也喜歡吃蘋果？」爸爸問丹尼爾。

「是的，牠很喜歡吃的，每次吃的比我還要多。」

「我想，那個蘋果應該被卡里斯吃掉了！」父親肯定地說。

這時，廚房裡傳來一陣騷動，父親和丹尼爾走進廚房，看見卡里斯正開心地啃著一顆蘋果，看到丹尼爾，卡里斯碰了碰地上的蘋果，好像在說：「來，我也分你一半。」

「也許，以後，我應該讓你一天吃兩顆蘋果了。」隨後趕來的母親看到這一幕，便對丹尼爾說道。

「哦，媽媽，你太好了！」丹尼爾歡呼起來，卡里斯也叫了起來，和丹尼爾一起分享快樂。

第二章
繽紛童年

最愛的生日禮物

時間如流水般，丹尼爾很快地八歲了，一家人決定爲他好好慶祝一下。媽媽要一家人出去旅遊，爸爸想帶丹尼爾去打獵，而丹尼爾卻想請好朋友來家裡吃飯。

「媽媽，瞧外面的天氣多好啊，我請朋友們出去野餐吧！」正當一家人爲了意見不同而煩惱時，丹尼爾突然指著窗外叫起來。

「不錯，這是個挺好的主意。小孩子是該多親近大自然。但是，丹尼爾，你要自己去邀請同學哦，還有，野餐要用的東西你也要自己準備！」爸爸意味深長地對丹尼爾說道。

「好呀，好呀，謝謝爸爸、媽媽！」丹尼爾歡呼雀躍起來，然後抱住父親的脖子，用力地親了好幾下。

第二天丹尼爾開始爲了周日的野餐準備了起來。首先他邀請了全班同學，包括壞小子吉米。本來丹尼爾不想邀請吉米的，因爲他老是喜歡把毛毛蟲塞進他的抽屜裡，但是媽媽說同學之間要好好相處，所以他決定原諒

吉米。另外他還請了瑪沙老師。

但是該如何準備吃的東西卻又難倒了丹尼爾。該準備些什麼吃的呢？同學們又喜歡吃什麼呢？丹尼爾只好請教媽媽。媽媽教丹尼爾應該先去瞭解大家想吃什麼，然後再集中列一張清單，最後上超市買齊。丹尼爾很聰明，在媽媽的指導下很快就準備好了一切。

周日的早晨陽光耀眼，空氣裡彌漫著一股不知名的花香。丹尼爾興奮了一個晚上沒睡好，所以一大早就起了床。媽媽從衣櫥裡拿出新買的衣服給他穿上，丹尼爾忍不住對著鏡子中帥氣的自己做了一個鬼臉。

到達野餐地點的時候，同學們還沒有來。丹尼爾先開始布置起來。他挑了一個靠近河邊綠草成茵的地方鋪了一張大白餐巾，然後和媽媽一起將吃的東西從車上拿下來，小心翼翼地擺在白色餐巾上。

「丹尼爾！」突然聽到有人喊他名字，回過頭一看，原來同學們來了。大家笑著和他招呼，有的人手裡還提著吃的東西。

「丹尼爾，快點安排同學們坐下啊！」媽媽催促著。

「丹尼爾，生日快樂啊！」麥可把一個可愛的維尼熊玩具塞到丹尼爾的

手中，然後紅著臉的跑座位。

丹尼爾拿著麥可送的熊，心裡很感動。麥可家裡很窮，這隻熊一定花了他不少錢。「麥可，謝謝你，我很喜歡這個禮物！」

看到麥可送生日禮物給丹尼爾，同學們也紛紛送上了自己的禮物。有手錶、巧克力和飛機模型。丹尼爾的手都快抓不下了，只好把一部分給媽媽拿著。

「丹尼爾，我也有禮物要送給你！」一直坐在旁邊不說話的吉米結結巴巴地說道。

「有禮物送我？你一直喜歡欺負丹尼爾，不會送他毛毛蟲吧！這禮物一定有問題。」有的人叫道。接著便有一位同學把吉米的禮物搶了過來，隨手往遠處丟去。

男生們把禮物丟來丟去，可憐的吉米看著自己的禮物被如此對待，眼眶慢慢紅了。

忽然，「咻」的一下，禮物剛好砸到了丹尼爾的身上，接著掉在地上，丹尼爾撿起來看了看，禮物的包裝紙已經壞掉了，露出了個彩色圖

片，原來是一本書，名字是《哈利波特——神秘的魔法石》。是丹尼爾一直想買的書。

丹尼爾拿著書走到吉米的面前，真誠的看著吉米說道：「吉米，謝謝你的禮物，很高興你來參加野餐聚會，希望我們以後可以成爲好朋友。」然後他伸出了手。四周頓時安靜了下來。

吉米抬起頭看著丹尼爾，終於露出了笑容，也伸出了手緊緊握住了丹尼爾。

然後不知誰帶頭用力鼓掌，不一會，周圍掌聲雷動。

「孩子，你做得好！」媽媽在丹尼爾的耳邊輕輕說道。

丹尼爾揚起燦爛的笑臉和朋友們一起吃起東西來。今天的一切真是太美妙了，丹尼爾心裡想著。

奇怪的轉學生

暑假過後，丹尼爾恢復了正常的學生生活。

今天聽溫蒂說有一位轉學生要來，大家都很好奇。

上課鈴響以後，瑪沙老師悠閑踱步走進了教室，身後還跟著一個矮個子的女孩，背著一個大大的書包，帶一副很大的寬邊眼鏡。

同學們都高高地抬起頭想看看她的樣子。瑪沙老師輕輕地咳嗽了一聲。

「同學們，今天轉來了一個新同學，叫伊莎貝拉，大家以後要好好相處，不許欺負新同學，不然的話……」瑪沙老師有意無意地指指放在講桌上的大把量尺。

那個女生沒有介紹自己，繃著一張毫無表情的臉就逕自走到丹尼爾的身邊坐下。

丹尼爾仔細打量坐在身邊的女孩，有點髒髒的臉龐，金色的長髮被老氣的盤在頭上，寬邊的眼鏡幾乎將她的眼睛蓋住。女孩的表情很嚴肅，甚至還有些凶惡。她發現丹尼爾在看她的時候，狠狠地瞪了他一眼，一副戒備的樣子。

丹尼爾別過頭，心裡嘟囔了一聲，便不再看她。

時間過的很快，一週很快地過去。大家發覺新轉來的女生伊莎貝拉很奇怪，每天總是第一個到學校，最後一個離開學校。彷彿怕別人跟蹤她似的。在學校也曾不和其他同學說話，整天面無表情地坐在教室裡，不出去玩，只是不停地看書。

「嗨！伊莎貝拉，早啊！」這天丹尼爾友好地和伊莎貝拉打了一聲招呼。

伊莎貝拉只是看了他一眼，又低下頭繼續看書。

中午吃飯的時候，丹尼爾被麥可和吉米拉過去討論有關伊莎貝拉的事情。

「嘿！丹尼爾，你知道嗎？伊莎貝拉的家很有錢喔，她的父親是學校董事會的人呢！聽說她在以前的學校經常和人打架，記錄不好，她父親無奈之下才把她送到我們學校。一位女孩喜歡打架，簡直是太可怕了，怪不得她沒有朋友又不愛說話，你看她多凶啊！是不是，丹尼爾？」麥可七嘴八舌地說著。

「伊莎貝拉是不太愛說話，但是她很愛念書，我發現她的作業幾乎都是

拿A呢！」丹尼爾說道。

「那有什麼用？女孩子就是要溫柔可愛才會有人喜歡嘛！瞧她打扮的跟巫婆似的……」吉米也插嘴。

這時伊莎貝拉剛好經過他們身邊，似乎聽到了他們的對話。眼睛似乎有點紅，然後迅速往學校後面走去。

丹尼爾丟下討論得正起勁的吉米和麥可，匆匆地跟了出去。找了很久，終於在學校花園的一處石山後面找到了伊莎貝拉，她正蹲著，肩膀一抖一抖的。

「伊莎貝拉，我是丹尼爾，你怎麼了？」丹尼爾慢慢靠近伊莎貝拉。

她抬起頭，眼睛通紅，「我沒事，不用你管，離我遠點，不然我會打人！」伊莎貝拉凶惡地說道。

「你不要理會麥可和吉米的話，大家都很喜歡你的，如果你願意，我們都可以成為你的朋友，可是你為什麼不願意接納大家呢？」

「這世界上沒有好人，我也不需要朋友，以前大家只會嘲笑我是個沒有媽媽的孩子，每次有人這樣說的時候，我就會揍他們！」伊莎貝拉的眼裡

充滿憤怒。

「不會的，伊莎貝拉，我們不會嘲笑你，至少我不會，我非常願意成爲你的朋友！」丹尼爾眞誠地看著伊莎貝拉說道。

伊莎貝拉楞了一下，接著認眞地看著丹尼爾良久，嘴角慢慢露出了一絲微笑，很淡很淡，於是她的眼睛裡有了一絲暖意。

「謝謝你！丹尼爾！」伊莎貝拉說完就迅速地走開了。

從那之後，丹尼爾明顯感到伊莎貝拉的改變，她會笑了，並友好地和同學們相處，大家也漸漸開始接納她、喜歡她。除了麥可和吉米，他倆一直覺得她是個醜丫頭。

學期結束的晚會上，伊莎貝拉代表全班表演了鋼琴獨奏。當她出現在大家面前時，所有人都嚇呆了，尤其是麥可和吉米。

舞臺上的伊莎貝拉穿著長長的公主裙，金色的頭髮垂至腰間，白色的皮膚，嫣紅的嘴唇，海藍色的眼睛閃著智慧的光芒。就像天使一樣，簡直美麗極了。

看著吉米和麥可吃驚的樣子，丹尼爾偷偷笑了起來。

我的左眼見到鬼

丹尼爾的小學是一所歷史非常悠久的小學，曾經出了許多優秀的人物。同學們都以可以進入這所學校就讀而感到驕傲。在學校的最後面，有一棟古老的教學大樓，已經廢棄很久沒有用了，紅色的磚墻爬滿了綠色的爬牆虎，每當微風吹過，爬牆虎的葉子此起彼落，遠遠望去，就好像綠色的波浪。

學校有個流傳很久的故事。曾經學校有一個年輕美麗的女教師愛上了當時學校的校長，兩個人歷經千辛萬苦最終卻沒有在一起，校長後來在家人的脅迫下娶了當地一個財主的女兒，年輕的女教師悲痛欲絕，就從這棟教學大樓的四樓跳了下來，結束了自己年輕的生命。後來，就經常有人在晚上看見女教師的靈魂在樓邊遊蕩，甚至有一個負責巡夜的人被嚇瘋了。學校爲了降低影響，只好封了這棟樓，再也不許人靠近。

不過這個傳說卻在學校流傳開來。幾十年來，傳說不僅沒有被人們淡忘，反而愈來愈盛傳。丹尼爾記得第一次聽到這個傳說是剛進學校時，一

位女生告訴他的，當時那位女生用一種莫測高深的神情說著，並且神秘兮兮地拉著丹尼爾遠望那棟鬧鬼的教學大樓，可是丹尼爾看不出有什麼特別的，「很普通嘛！」

最近學校警衛室有個警衛伯伯生病請假，聽說又是跟那棟教學大樓有關。於是丹尼爾對那棟大樓就更加好奇了。一天下課後，丹尼爾把麥可和吉米約到了一旁。

「吉米，我們晚上去學校那棟舊的教學大樓去探險怎麼樣啊？」丹尼爾問道。

「好啊、好啊！我老早就想去了，就是沒有人願意陪我去！」吉米立刻附和。

「可是，可是那裡不讓學生進去，而且很可怕啊！」麥可有些猶豫。

「膽小鬼，那你不要去好了，我和丹尼爾去就可以了！」吉米敲了一下麥可的腦袋。

「誰說我是膽小鬼了，去就去！」麥可紅著臉辯解道。

晚上十一點，丹尼爾趁父母親已經熟睡之際偷偷溜了出來，跑到學校

門口和麥可和吉米集合。夜晚的風很大，呼呼的掠過耳邊。

學校的門口有人值班，於是丹尼爾就讓麥可蹲下來然後吉米踩著他的肩膀，自己再踩著吉米的肩膀從學校後面的圍墻翻進校園，然後丹尼爾再依次把吉米和麥可也拉了進來，三個人拿著手電筒快步往舊樓走去。

夜晚的舊教學大樓似乎更加可怕，風吹著爬牆虎的葉子此起彼落，仿佛洶湧的波濤，明亮的月光下，舊教學大樓的影子仿佛一個巨型的怪獸。丹尼爾首先往樓裡面走去，麥可和吉米也緊跟其後。

這裡似乎真的已經有很久沒有人來過了，隨便揮一下手都可以在手電筒微弱的燈光下看見飛舞的塵土。

「丹尼爾，我們去教室看看吧！」吉米興奮地建議道。

「是啊，不知道以前的教室和現在的教室有什麼不一樣呢！」丹尼爾也很好奇。

麥可沒有說話，只是嚥了口水然後緊緊抓住了丹尼爾的衣角。

三個人慢慢靠近二樓左手邊的第一個教室，斑駁的木門虛掩著，上面結滿了蜘蛛網。丹尼爾壯著膽子推開了門，咿啞一聲，門輕輕開了一角。

吉米衝上去再用力推了一下，門終於完全打開了，裡面黑漆漆的。

丹尼爾用手電筒照了一下裡面，接著慢慢走了進去。手電筒微弱的光線能照到的地方不是很多，觸目所及，是許多丟棄在牆角的桌椅，突然一陣冷風吹過，丹尼爾感覺到自己的汗毛一根一根的豎了起來。

「丹尼爾，我們還是出去吧！這裡……這裡太可怕了！」麥可使勁抓著丹尼爾的手。

「眞是個膽小鬼，丹尼爾，我們不管他，去四樓看看吧，聽說有人在那裡看到鬼的哦！」吉米的聲音有著掩不住的期待。

三個人一步一步地往四樓走去，丹尼爾的心一直抖著。就在手電筒的光觸及四樓樓梯的一剎那，忽然有個黑影一閃。

麥可一直用手捂著右眼，只敢用一隻左眼看著外面的情形，此時的狀況嚇得他魂飛魄散，只聽到他叫了一聲：「媽呀，我左眼看到了鬼，丹尼爾、吉米！快逃啊！」然後「咚」的一下就昏倒在地上。

吉米壯著膽子提起手電筒走過去，只聽到「喵」的一聲，一隻白色的小貓出現在腳邊，丹尼爾也鬆了一口氣，看看倒在地上的麥可，和吉米相

視而笑。

丹尼爾和吉米第二天一到學校就和班上的同學說舊的教學大樓根本就沒有什麼鬼，都是謠言。大家也沒有再相信那個傳說，只是麥可被大家笑說是膽小鬼。

小鬼當家

爸爸和媽媽週末要去探望生病的表叔，將出去一整天到晚上才能回來。臨走之前，媽媽叮囑丹尼爾要好好看家，認眞做完老師交代的作業之後才可以玩耍。

週末的天氣很好，陽光耀眼，碧空如洗。丹尼爾一大早就起來了。寫完作業之後，無聊的丹尼爾拿起話筒。

「喂，麥可嗎？我是丹尼爾，我們家沒人，你到我們家來吧！我們下棋好不好啊？」

「好啊、好啊，丹尼爾，我馬上就過去！」電話那頭的麥可似乎很興

奮。

丹尼爾又撥通了吉米家的電話。

「吉米，我是丹尼爾，沒事到我家來玩吧！我已經約了麥可了！」

「是嗎？好啊，我一會就到！我剛買了一個很好玩的遊戲光碟，我們來玩電腦遊戲吧！」吉米也答應了丹尼爾的請求。

二十分鐘後，門鈴響了。麥可和吉米到了，吉米手上拿著一盤全新的遊戲光碟。

「丹尼爾，我們先玩電腦遊戲吧！這款遊戲是剛出的《鐵甲人2》！很精彩呢！動畫做得特別漂亮！」吉米建議道。

「好啊！我想買這個很久了呢！電腦在我房間！麥可不喜歡玩，就讓他在客廳看電視吧！等會吃過午飯我們再陪他下棋！」丹尼爾也表示同意。

於是，可憐的麥可被單獨丟在樓下看電視，丹尼爾和吉米則在樓上玩起了電腦遊戲。當遊戲玩到最高潮的時候，樓下突然一聲「嘩啦」巨響。丹尼爾首先衝到樓下，只看見滿地的陶瓷碎片和麥可無辜的眼神。

「丹尼爾，對不起，我不是故意的，我想倒水喝，可是手一不小心碰到

了保溫瓶旁邊的花瓶，就……」麥可紅著臉解釋道。

丹尼爾蹲下來，拿起了地上的碎片，這個花瓶是媽媽上週剛買的，如果讓媽媽知道了，肯定又要遭殃了。該怎麼辦呢？丹尼爾很煩惱。

「丹尼爾，有強力膠嗎？」麥可問道。

「有、有、有！」丹尼爾連忙點頭，接著起身從儲藏櫃翻出了已經很久沒用的強力膠。

「我們把它重新黏起來，只要不碰它，應該看不出來！」麥可很有信心的看著丹尼爾說道。

「是嗎？」丹尼爾很懷疑，可是也沒有辦法，只好上樓把吉米叫下來幫忙黏花瓶。

三個人折騰了將近兩個小時，終於把花瓶重新黏好了。從外表看，和摔壞前完全一樣，只是細看的話會看到瓶身上明顯的裂痕。

麥可把花重新插進花瓶。「應該沒事了，你媽媽如果沒發現你就什麼也不要說，問了你就說可能是品質不好自己裂開的！」

「是啊，沒事的，丹尼爾，不用擔心！」吉米也說道。「我餓了！吃飯

吧好不好？」

「吃飯？」丹尼爾傻眼了。媽媽走的時候好像沒有留下吃的東西。「家裡沒有吃的東西，冰箱裡有生的東西，怎麼辦？」

「那我們就自己煮吧！好不好？」吉米興致勃勃地建議道。

「好主意！這一定很好玩！」丹尼爾和麥可異口同聲地說道。

丹尼爾從冰箱拿出了蕃茄、雞蛋、青菜，高麗菜等等，麥可負責切菜、洗菜，吉米負責燒菜，丹尼爾負責拿油鹽醬醋。於是大家開始忙了起來。吉米決定先煮一道蕃茄炒蛋。麥可切起蕃茄，可是打蛋有點難倒他，他把蛋在碗邊輕輕敲打，蛋裂開一個縫，再用手輕輕一剝，一個圓圓的橘黃色蛋黃咕嚕一下滑到了碗中，麥可激動的叫起來：「吉米、丹尼爾，快看！我把蛋完整的打到碗裡了欸！」

他端著碗的手不小心碰到了正拿著油準備給吉米的丹尼爾，然後丹尼爾的身體又碰到了正在洗鍋的麥可，一連串的驚叫之後，大家無奈地看著灑了一地的蛋黃、油和水。

「不管了，等煮好菜再打掃吧！」丹尼爾說道。

於是大家又忙了起來，不過這回大家都小心翼翼地。又過了兩個小時，菜終於擺上了桌。但是看著糊糊的，還散發焦味的蕃茄炒蛋、油膩膩的青菜湯、帶著血絲的牛肉，丹尼爾實在是沒有胃口。再看看一片狼藉的廚房，好沮喪。媽媽回來可就慘了。

「丹尼爾，媽媽回來了，今天在家乖不乖啊，有沒有想媽媽啊？」媽媽說話的聲音隨著鑰匙開門的聲音一路傳進了廚房。

「完了！」丹尼爾在心裡叫道。

「哦，天哪！」媽媽的驚叫聲毫不意外地響起。

「丹尼爾……你快給我過來！你在家做了什麼？」

「丹尼爾，快溜吧！」吉米說道。

丹尼爾點點頭，三個人趕緊從窗戶翻了出去。

飛吧，蘇比

期末考試結束後，快樂的寒假就開始了，和所有學生一樣，丹尼爾對

於寒假生活很期待。早在考試之前，丹尼爾就已經有了很好的規劃。

首先，他要和爸爸媽媽去夏威夷旅遊，那裡有陽光、海灘、棕櫚樹，還有許多美麗的貝殼。早在以前他就想用貝殼串成項鏈送給伊莎貝拉了。再過一些日子就是她的生日了呢！

然後，他和麥可、吉米已經商量好要去吉米父親的速食店幫忙，這也許可以賺些錢等伊莎貝拉過生日的時候送她一份特別的禮物。

正當丹尼爾做好一切旅遊準備時，外婆突然打來電話說外公生病了，媽媽丟下一切立刻趕去外公家，一家人的旅遊計劃不得不暫時取消。丹尼爾決定先和吉米、麥可去打工，然後等外公的病好之後再去夏威夷旅遊。

吉米家開速食店。麥可、吉米和丹尼爾被派到了不同的工作崗位。吉米在櫃檯收銀，丹尼爾負責記下客人要點的東西，麥可則是負責收拾餐桌和打掃。大家努力的做著自己的工作。每天充實而愉快。丹尼爾覺得在這裡學到了很多東西，是以前在學校學不到的。

這天下班後，丹尼爾正在洗手，突然聽到後面的草叢中有東西在嗚嗚的叫著。撥開草後，丹尼爾發現一隻白色羽毛的小鳥努力掙扎著，眼神充

滿了絕望，嘴裡不時發出叫聲，似乎在求救。

丹尼爾趕緊叫來了吉米和麥可。麥可小心翼翼地拿起小鳥細檢查，原來它的翅膀受傷了，他猜說這是一隻準備遷徙到南方過冬的小鳥，可能被哪個頑皮的孩子用彈弓射傷了翅膀才摔落在這裡，如果不治療，牠的翅膀可能再也治不好了。

丹尼爾和麥可、吉米商量後決定醫治好小鳥，並且幫助牠過冬。在徵求了吉米父親的同意後，他們把小鳥養在了速食店的廚房裡。吉米從家裡拿來了一個紙箱子並鋪上棉花。麥可從家裡拿來了藥和紗布，丹尼爾負責爲小鳥包紮傷口和餵食。

大家爲小鳥取了一個好聽的名字——蘇比。

蘇比很聽話，從來不到處亂飛。丹尼爾他們都很喜歡牠。在大家精心的照顧下，漸漸恢復了健康，也慢慢和大家熟了起來，尤其是天天幫牠餵食的丹尼爾。

在有陽光的日子丹尼爾喜歡帶著蘇比出速食店門。他在前面走著，蘇比在後面忽上忽下地飛著，但是總飛不遠。路上的行人們常停下來看著這

情景。

後來蘇比得到了越來越多人的喜歡，幾乎成了速食店裡的明星。來這裡用餐的客人們都喜歡看著蘇比在店裡高聲歌唱。

冬天很快就過去了，春天來臨時也表示寒假結束了，丹尼爾他們領到了薪水，辛苦有了收穫。蘇比已經完全恢復健康，三個小夥伴想飼養蘇比而不打算放走牠，可是吉米的爸爸說蘇比是屬於大自然，應該和我們人類一樣有自由。

在一個陽光耀眼的上午，吉米、麥可和丹尼爾把蘇比帶到了郊外，接著不捨地打開籠子，「咻」的一下，蘇比飛上天空。

「再見，蘇比，我們會想念你的！」丹尼爾感覺到自己的鼻子酸酸的。

蘇比嗚嗚叫了起來，似乎聽懂了他們的話。久久盤旋不願離去。

「蘇比，走吧，明年記得回來看我們哦！」吉米也大聲叫道。

「是啊，蘇比，記得回來啊！」麥可的眼眶泛紅。

就這樣，蘇比飛了幾圈後，終於往遠處飛去。

最棒的魔法師

春天到了，伊莎貝拉的生日也快到了。這天下午放學，丹尼爾把麥可和吉米約到了自己家中，一起商量如何爲伊莎貝拉過生日。

「麥可，你準備送什麼給伊莎貝拉啊？」吉米嘻笑地看著麥可。

「我……我還沒想好，而且我爲什麼要告訴你啊？」說完麥可的臉立刻紅了起來，就像一顆熟透的蘋果。

「哈哈哈……你的事我還能不知道啊！告訴你，伊莎貝拉可是咱們的公主！」吉米用眼睛斜睨著麥可。

「我……我沒有！」麥可爭辯道。

「你就有！」

「好了、好了，別吵了，伊莎貝拉是我們大家共同的朋友和同學。」丹尼爾大聲阻止他們，「我們還是商量商量如何爲伊莎貝拉過生日吧！」

於是三個人開始商量起來，最後丹尼爾決定要發動全班同學的力量爲伊莎貝拉過生日，一定要讓伊莎貝拉過一個終生難忘的生日。

丹尼爾已經在街上來來回回繞了好幾圈，可是仍無法決定送什麼禮物給伊莎貝拉。商店裡的東西琳琅滿目，水晶蘋果、漂亮的布娃娃，蝴蝶髮飾、手鏈……可是所有東西都很貴，丹尼爾即使存了很久的錢也不夠買。

他垂頭喪氣地回到家，媽媽已準備好了一桌子的美味佳餚，可是丹尼爾一點食慾也沒有，媽媽似乎看出了丹尼爾有心事。

「丹尼爾，親愛的，有什麼心事？可以告訴媽媽嗎？」媽媽輕輕摸著丹尼爾的頭。

「媽媽，伊莎貝拉就要過生日了，可是我還沒有想好送她什麼呢？商店裡的東西都好貴，我買不起！」丹尼爾很苦惱。

「丹尼爾，禮物的好壞並不是靠金錢來衡量，是看心意的，只要你用心送了，我想伊莎貝拉一定會喜歡的。」

丹尼爾點點頭。

回到房間後，丹尼爾打開了抽屜，希望可以從裡面找出一些特別的東西送給伊莎貝拉。突然一本顏色鮮豔的書籍出現在眼前。《哈利波特——神秘的魔法石》！是吉米之前送給他的。忽然，靈光一閃，丹尼爾不再感

到為難。

伊莎貝拉生日那天放學後，丹尼爾讓吉米先送她回家。然後就和大家一起佈置教室。瑪沙老師從外面借來了一顆聖誕樹，大家把漂亮的裝飾品和各種顏色的燈掛上樹，接著再把要送給伊莎貝拉的禮物全部堆在樹下。

一切準備好後，丹尼爾請吉米把伊莎貝拉帶進教室。什麼都不明白的伊莎貝拉站在教室門口，只見教室裡黑壓壓的。她推開門奏進去後，所有的燈忽然同時亮了，大家邊唱著生日快樂歌邊推著大蛋糕走出來。

伊莎貝拉楞了一會，然後眼睛紅了起來。

丹尼爾走到她面前眞誠地說道：「伊莎貝拉，我代表所有同學祝你生日快樂！」

「謝……謝謝你們！」她的聲音開始哽咽起來。

「吹完蠟燭，大家開始吃蛋糕吧！」瑪沙老師說道。

伊莎貝拉感動地吹完蠟燭，接著切蛋糕，同時有人拿著禮物送給伊莎貝拉。此時吉米送了個布娃娃給伊莎貝拉，麥可則送了一個小枕頭。

「丹尼爾，你的禮物呢？」吉米問道。

丹尼爾笑了一下，接著走了出去。等他再回來的時候所有人都嚇了一跳。他戴了一頂高帽子、一副黑色墨鏡、穿了一件斗篷衣服，手裡還拿著一根長棍子，樣子滑稽。

「伊莎貝拉，我想表演一個魔術給你看，作爲送給你的生日禮物！」丹尼爾說道。

「好啊！好啊！」大家都叫了起來。伊莎貝拉也笑著看著他。

丹尼爾把自己的帽子拿下來，裝腔作勢的晃了幾下，然後就從裡面拿出了一個紅蘋果。大家立刻歡喜鼓掌。伊莎貝拉則驚奇地睁大了眼睛。

丹尼爾把蘋果放在地上，又取下了斗篷放在手上，左搖右擺，再把它拉高，一簍橘子又出現在同學面前。

伊莎貝拉高興得眼眶泛出淚水，而丹尼爾也看見了。她一定很開心，丹尼爾心裡想著，這就夠了。

第三章
和睦的友誼

廚藝大賽

時間過得很快，一眨眼，丹尼爾就要小學畢業了。

「孩子們，我們就要分別了，讓我們舉行一個特別的歡送會吧。我們就會永遠記住這一天的。」麥琪老師建議。

同學們紛紛提出自己的想法。

「去郊遊吧？」伊莎貝拉說道。

「不要，每年都要去郊遊，今年應該來點特別的。」麥可反對伊莎貝拉的提議。

「那麼你的想法呢？」麥琪問麥可，麥可撓撓自己的頭，「乾脆我們來個腳踏車越野賽吧。」

「一點都不好。」伊莎貝拉反對，「我們女孩子可不喜歡這個」。

「最好找一個大家都喜歡的節目。」麥琪耐心的提醒大家。

有的建議辦舞會或大家一起看電影，意見亂七八糟，各有各的想法。

「不如我們聚餐吧？聚餐如何？」丹尼爾說。

「一點也不特別嘛！」伊莎貝拉立即反對。

「我還沒有說完呢。」丹尼爾繼續說，「我們可不是到某個餐廳裡吃一頓就算了，而是在自己的家中，自己動手作飯吃。」

「哎呀，這個提議不錯，真的很特別啊！」伊莎貝拉拍手贊成。

「好注意，我也贊成。」麥可也拍手贊成。

「我們也贊成！」同學們大聲說。

「丹尼爾的想法果然不錯，既然大家都贊成，我們就按照丹尼爾的提議做吧，地點嘛，在我家吧，到時候你們可要拿出自己的拿手菜啊！」麥琪老師高興地說。

「我一定會作一道拿手好菜給大家看看的。」麥可得意洋洋地說。

「拿手菜，你們有誰比得過我」，伊莎貝拉不甘示弱。

「哈哈，誰是最棒的，到時候就知道了。」麥琪老師說。

「媽媽，教我作一道簡單又好學的菜吧！我們要參加才藝比賽呢！」回到家中，丹尼爾向媽媽討教。

「沒問題的，丹尼爾，媽媽教你一道簡單的菜，包你得第一。」媽媽說。

幾天後，麥琪老師的家中果真熱鬧極了，同學們聚在一起，開心的大展拳腳，把專長都秀了出來。

「丹尼爾，你做的是什麼啊？」伊莎貝拉一邊調著自己的沙拉，一邊好奇地看著丹尼爾手中的麵皮。

「保密，到時候你就知道啦。」丹尼爾神秘地說道。

「我的牛排很好吃，到時候你們不會因爲搶吃而打起來吧？」麥可一邊煎牛排，一邊得意地說。

「我還擔心你們會爲了我的沙拉打架呢！」伊莎貝拉對麥可的話不屑一顧，「這道菜我可是練了十幾年，眞的，不是吹牛哦。」

「你們儘管爭好了，」湯姆說，「我的義大利麵也不錯的哦。」湯姆是伊莎貝拉的好朋友，他平時最大的樂趣就是和伊莎貝拉一起欺負吉米，吉米最怕遇到伊莎貝拉和湯姆在一起了，所以，他立即拿著自己的鍋子悄悄躲到一邊去。

忙了一個中午，大家終於都端出了自己的拿手好菜，麥可是香噴噴的

煎牛排、伊莎貝拉是新鮮的沙拉、湯姆是金黃義大利麵。至於丹尼爾，則是白白、胖乎乎、像小豬一樣的東西，這麼可愛的東西立即吸引大家的目光。

「丹尼爾，這是什麼東西啊，好可愛的樣子哦！」伊莎貝拉好奇地說。

「是啊，好可愛啊，眞像卡通片上的造型啊！」麥可也好奇的說。

「丹尼爾，這麼可愛的東西叫什麼名字，趕快告訴大家吧！」麥琪老師看著丹尼爾面前的盤子說道。

「這是中國菜，餃子，是中國人團員時候吃的，這道菜是我媽媽向中國人學的，很好吃喔。」丹尼爾說，

「我爸爸說中國菜很好吃。」伊莎貝拉說，「我來嘗嘗。」

丹尼爾夾了一個餃子給伊莎貝拉：「味道如何？」

伊莎貝拉吃過之後說：「這味道太棒了，我喜歡！」

「丹尼爾，我要吃！」

「丹尼爾，我也要吃……」大家爭先恐後地要嘗丹尼爾的中國餃子。

結果可想而知，丹尼爾理所當然地成了大贏家，是大家公認的頂級廚師，同學們說，以後要經常到丹尼家去品嘗他的中國餃子呢！

友誼萬歲

丹尼爾的人緣是出名的好，因爲他從來不和別人去爭什麼。

有一次，爸爸送了丹尼爾一個漂亮的鉛筆盒，這個鉛筆盒不只是外觀漂亮，每次打開盒蓋的時候，還能發出悅耳的音樂，丹尼爾很喜歡這個鉛筆盒。第二天，丹尼爾帶著這個鉛筆盒來到學校，向同學們展示他的新鉛筆盒。

同學們互相傳遞觀看這個漂亮的鉛筆盒，當鉛筆盒傳到伊莎貝拉手中時，由於伊莎貝拉正抱著準備交給老師的作業，沒來得及接住傳過來的鉛筆盒，於是「啪啦」一聲，鉛筆盒掉在地上摔個粉碎，同學們都呆住了，轉頭看著丹尼爾。

「丹尼爾，我不是故意的，對不起！」伊莎貝拉害怕極了，簡直要哭

出來了，因爲這不是普通的鉛筆盒，是迪士尼公司全球限量發行的新款式，不但價位高，最主要的是，市面上很難買到，她怎麼能不擔心！

丹尼爾撿起碎片，「沒關係的，伊莎貝拉，它只是一個鉛筆盒。」

「丹尼爾，你眞的不生氣？」伊莎貝拉不放心地問。

「眞的，伊莎貝拉，別讓一個鉛筆盒影響了我們的友誼。」丹尼爾對伊莎貝拉說，「對我來說，它只是一個普通的鉛筆盒。」

「謝謝！丹尼爾，你眞是太好了，我們永遠是好朋友。」伊莎貝拉笑著說。

「我就說，丹尼爾最大方了。」吉米大聲說，「丹尼爾，你是我們的好朋友。」

於是，在融洽的氣氛中，丹尼爾和同學們繼續玩耍，笑聲傳遍四周。

晚上回到家，丹尼爾向爸爸道歉，「爸爸，對不起，我把你送我的鉛筆盒弄壞了。」

「丹尼爾，既然送給你了，你就不用道歉啦，不過我想知道它是怎麼壞的。」爸爸說。

丹尼爾便把過程講述一遍。

「爲什麼不要伊莎貝拉賠給你呢？」爸爸好奇地問。

「爸爸，伊莎貝拉是買不到那樣的鉛筆盒的，再說，我覺得，和鉛筆盒比起來，我和伊莎貝拉的友情更重要，爸爸，你說是嗎？」丹尼爾認眞地對爸爸說。

「丹尼爾，你眞是越來越明白道理，爸爸很高興，你今天的表現簡直是完美極了。」爸爸對丹尼爾說，「爲了獎勵你今天的表現，請你吃麥當勞如何！」

「哦，太棒了，爸爸！」丹尼爾開心叫道。

丹尼爾喜歡打網球，同班同學吉米也有這樣的嗜好，於是，週末的時候，就是丹尼爾和吉米一起打球的日子。

吉米的球技不如丹尼爾，所以，常常輸給丹尼爾，不過吉米不肯認輸，總是拖著丹尼爾，「再來一局，剛才我沒有使出全力。」

脾氣好的丹尼爾只好和他再打一局，結果當然還是丹尼爾贏了，吉米還是不認輸，「再來一局，剛才我沒有發揮實力」，於是再來一局，最後，

丹尼爾只好舉手投降，「吉米，我認輸了，我的手已經舉不起來了。」

吉米得意洋洋地揮舞著球拍，「怎麼樣，丹尼爾，究竟是誰略勝一籌呢！」

「我承認，你比我厲害。」丹尼爾擦著頭上的汗水，眞誠地說道。

「哈哈，早就說了，你打不過我的，只要我發揮實力。」吉米越發得意了。

「得了吧，吉米，說起技術，你不値一提，但說起賴皮，你是天下第一。」在一旁爲他們加油的伊莎貝拉實在是忍不住了，便爲丹尼爾打抱不平。

這樣的話讓吉米感覺受到嚴重傷害，他撇下丹尼爾和伊莎貝拉，一聲不吭地走了。

「我是不是說錯話了？」伊莎貝拉看著氣沖沖走遠的吉米，「他肯定是恨死我了。」

「伊莎貝拉，我們打球的目的是尋找輕鬆和樂趣，所以，我一點也不在意輸贏，吉米怎樣就隨他吧，關鍵大家要開心。」丹尼爾說。

「那現在怎麼辦，我不想讓吉米討厭我！」伊莎貝拉有點擔心。

「向他道歉，他一定會原諒你的。」丹尼爾建議。

伊莎貝拉追上吉米，眞誠地向他道歉，吉米也不太好意思，誰叫她是女孩子！

最後，三個人便開開心心地回家去了。

紳士風度

今天的天氣似乎不太好，到處都是灰濛濛的，使人影響情緒不好。

卡里斯也悶悶不樂，牠爬進自己的窩裡，看也不看丹尼爾一眼。

「嗨，卡里斯，打起精神，我帶你去公園玩。」丹尼爾摸著卡里斯的頭說道。卡里斯不耐煩地撇開頭，樣子酷酷的，仿佛在說，「別理我！」

「好，你不理我，我眞的走了。」丹尼爾假裝生氣，作出要走開的樣子，誰知這招今天眞是不靈了，卡里斯還是懶洋洋地躺在那，對丹尼爾不理不睬。

沒有辦法，丹尼爾只好找伊麗莎一起去公園玩。

公園裡的人不多，只有一些老人，小朋友們好像都窩在家裡看電視。

「伊麗莎，家裡和這天氣一樣夠悶了，我們總得找一些事來打發時間吧！」丹尼爾說。

「打發時間，很容易的啊，你有很多功課沒做呢！」伊麗莎，「不如，我來監督你寫作業吧。」

「你的提議和天氣一樣沒勁。」丹尼爾很是沮喪。

「丹尼爾，你不是會彈吉他嗎？」伊麗莎問。

「是的，我還彈得不錯呢！」丹尼爾得意地說。

「公園的那些人肯定是無聊極了，不如我們表演節目給他們看吧，你彈吉他我唱歌，這樣他們會很開心的。」伊麗莎建議道。

「的確是個好主意。」丹尼爾舉手贊成，「我一定要帶卡里斯來，牠最近太懶惰了。」

卡里斯很不情願地被丹尼爾拖了起來，又很不情願的被帶到公園，接著，牠滿臉憂鬱地躺在地上，看著丹尼爾和伊麗莎為老人們表演節目。

公園的老人都認識丹尼爾和伊麗莎，他們一看到丹尼爾兩人，便開心地說，「看，我們的開心果來了。」只要丹尼爾在，他們總是很開心。

「我們今天為你們表演節目，好不好？」丹尼爾問大家。

「好啊，丹尼爾、伊麗莎，我們實在無聊。」老人們歡迎丹尼爾為他們表演節目。

剛開始丹尼爾彈吉他，伊麗莎唱歌，慢慢地，老人們受到快樂氣氛，也和伊麗莎一起唱了起來。

「嗨，年輕人，你不錯啊。」這時，幾個不正經的大約十五、六歲的少年站到了丹尼爾的身後。

「嗨，你們好！」丹尼爾友善地和他們打招呼。

「我們本來是很好的，可是被你的吉他吵得我們睡不著，你說怎麼辦？」幾個少年繼續挑釁。

「真的很抱歉，不過，你們應該回家睡覺比較好吧！」丹尼爾不明白他們為什麼大白天的在公園睡覺。

「小子你是不是皮癢啊，我們想在哪裡睡就在哪裡睡！」一位少年推了

丹尼爾一把，丹尼爾的吉他立刻掉在地上，伊麗莎嚇得哭了起來。

「你們想幹什麼？」丹尼爾大聲說道。

「噢，嗓門這麼大，是不是想和我們比劃比劃呀！」其中一位不良少年揮著拳頭威脅丹尼爾。

「我覺得大家應該有點風度，不應該動粗，但是，假如你們要打架，我一定奉陪。」丹尼爾不甘示弱地說。

「呵呵……有膽量！」不良少年準備和丹尼爾開戰。

「警察來了！」老人們喊道，「丹尼爾，警察來了，別怕！」

不良少年們一聽到警察來了，立刻一溜煙跑得沒蹤影。

「這些壞孩子，最怕警察了，丹尼爾，你沒事吧？」老人們圍上來，熱心地問丹尼爾。

「我沒事，多虧你們報警了，不然就遭了。」丹尼爾拍著胸脯，鬆了一口氣。

「哪裡是眞的報警啊，是嚇唬他們的，這些壞孩子，最怕警察了。」老人們說。

「伊麗莎，別哭了，沒事了。」丹尼爾安慰還在哭泣的伊麗莎。

「丹尼爾，你眞的很勇敢。」伊麗莎擦乾眼淚，稱讚丹尼爾，丹尼爾不好意思的撓撓頭。

「卡里斯呢？」丹尼爾發現卡里斯不見了，很著急。

「別找了，牠在那兒呢！」一位老人指著不遠的一個角落說，「牠剛才看到你們要打架的樣子，就嚇得躲了起來。」

「膽小鬼啊，原來你是個膽小鬼。」丹尼爾抱住卡里斯，親熱地說道，卡里斯羞愧得低下頭，似乎很不好意思。

「但是，卡里斯，身爲一位紳士是不應該打架的！」丹尼爾看到卡里斯這個樣子，便開口安慰卡里斯。卡里斯朝著丹尼爾「汪汪」叫了兩聲，似乎說丹尼爾講得對極了，一旁的老人們看到此景都開心的大笑起來。

歡樂情誼

一年有十二個月，丹尼爾拍戲要花掉將近十一個月，剩下的一個月，

他才能回到學校裡，和同學們一起上課、遊戲。

和同學們分別了十一個月，丹尼爾很想念他們，所以，再見到同學時，丹尼爾開心得簡直是不知道要怎樣表達自己的心情，而同學們看到丹尼爾，也很激動，尤其是麥可。

麥可是丹尼爾從小玩到大的好夥伴，兩人之間的感情非常好，丹尼爾在外地拍戲時，還常常寫信給麥可。

「丹尼爾，你終於回來了！」麥可開心地擁抱丹尼爾，快樂地大笑起來。

「麥可，你越來越帥了嘛！」丹尼爾調侃麥可，他知道，麥可這個臭美的傢伙最喜歡人家說他帥了。

果然，麥可立即興奮得臉色發紅：「這麼說，我也可以去演偶像劇了！」

「是的，小帥哥！」丹尼爾親熱地說道。

丹尼爾回家的日子，最開心的應該是卡里斯和伊麗莎了，麥可現在仿佛也是丹尼爾家中的一員了，他每天都要到丹尼爾家中，和丹尼爾一起寫

作業，一起複習功課、玩遊戲。

這天，伊莎貝拉和湯姆也一同相邀來了，丹尼爾補完課後，便和大夥們一起在花園中整理起來。

丹尼爾家的花園一直是由父親整理，最近父親到外地出差，整理花園的事就交給丹尼爾，雖然他年紀小，可也是個男孩子，總不能通通都讓媽媽做，所以，丹尼爾便自告奮勇地擔任起這項任務。

「丹尼爾，你打算怎樣整理花園？」伊麗莎說，「我家花園種的都是花，你是不是也打算種花啊？」

「我不想全種花，」丹尼爾看著花園說，「這邊，種爸爸喜歡的鬱金香，那邊，種一些蔬菜。」丹尼爾指著花園說，「這樣，媽媽就能夠吃到新鮮的蔬菜了。」

「丹尼爾，你真會替你媽媽著想。」伊莎貝拉說，「如果你媽媽下班晚了，還可以到園中摘一些新鮮的蔬菜。」

「我也是這樣想的。」丹尼爾說。

說做就做，幾個好友們立即動手，丹尼爾和伊麗莎、麥可一組負責種

菜，伊莎貝拉和湯姆則負責種花，至於卡里特，雖然也很想加入，可是卻什麼也做不起來，只好心急地圍著丹尼爾他們跑來跑去，結果不是撞翻了水桶，就是打翻了種子，最後，大夥一致決定，把卡里特趕離花園。

可憐的卡里特只好在花園附近徘徊，萬分委屈地看著丹尼爾。

「卡里特，你和卡里斯一起玩吧，我們收拾好花園就可以陪你玩了。」丹尼爾撫摩著卡里特的頭安慰牠。

幾個朋友一起互相合作，丹尼爾挖地，伊麗莎把種子撒到土裡，麥可澆水，不一會兒就把工作做完了。另一邊，伊莎貝拉和湯姆也是分工合作，很快也把工作做完了。

「謝謝你們，」丹尼爾說，「現在我們去客廳吃冰淇淋吧！」

「我最愛吃冰淇淋了！」伊莎貝拉說。

幾個人在客廳內吃冰淇淋、喝可樂，愛唱歌的伊莎貝拉當然不會放過這個爲大家表演的機會。他坐在伴唱機前，一首接一首唱，不過，伊莎貝拉的歌聲實在不好聽，大家忍無可忍，只好躲到外面去。伊莎貝拉自顧自開心地唱歌，唱得累了才停了下來，回頭一看，一個人影子都沒看見。

著。

「這些傢伙，每次人家一唱歌，就這個樣子……」伊莎貝拉生氣地嘟噥

丹尼爾他們正在外面打羽毛球呢！卡里特跟著羽毛球跑來跑去，似乎想和羽毛球比賽賽跑。「丹尼爾，你看卡里特，開心得都要瘋掉了。」伊麗莎看著卡里斯這個樣子，覺得好笑。

卡里斯和拼圖

根據媽媽的說法，丹尼爾五歲的時候最淘氣，因爲這個時候的丹尼爾，對於很多事情都有自己的一套想法，而這個說法是否正確，丹尼爾可是管不了那麼多，一意孤行的結果常常是把家中弄得一團糟，「別生氣，小孩子的叛逆期到了。」爸爸安慰媽媽。

這天，丹尼爾在家看《湯姆和傑瑞的故事》，卡里斯在一旁陪他。

「湯姆可以睡在房間裡，爲什麼卡里斯不可以睡在房間呢？」丹尼爾問媽媽。

「因為……卡里斯是狗啊！」媽媽實在是不知道該如何回答。

「可是，媽媽你看，湯姆是一隻很懶惰的貓，牠不也是睡在房間裡嗎？」丹尼爾繼續問。

「卡里斯不喜歡睡房間裡，牠喜歡睡外面，對不對啊，卡里斯？」媽媽實在不知道如何講道理給丹尼爾聽，只好問卡里斯。卡里斯點點頭，表示自己喜歡睡外面。

「我覺得卡里斯更喜歡睡在房間內。」丹尼爾固執地說。

此時媽媽只好轉移話題，「丹尼爾，我上班去了，你和卡里斯好好在家待著。」媽媽叮囑丹尼爾。

「放心吧，媽媽，我會乖乖的。」丹尼爾讓媽媽放心。

媽媽出門後，丹尼爾開始思考卡里斯的問題。卡里斯知道，丹尼爾一旦開始思考，自己准要倒楣，於是便躲到沙發底下，悄悄地看電視。

丹尼爾經過思考之後，認為卡里斯還是喜歡睡在房間裡，於是不徵求卡里斯同意，自作主張的把卡里斯的小窩和狗碗搬進了客廳。此時卡里斯躲在沙發下一聲不吭地看著丹尼爾忙進忙出。

終於搬完了，丹尼爾喘呼呼地坐下來，「卡里斯，來看看你的新家。」卡里斯不樂意地從沙發底下爬出來，沒精打采地看著丹尼爾。

「卡里斯，喜歡你的新家嗎？」丹尼爾開心地問。

卡里斯繞著自己的窩轉了一圈，然後又跑了出去。

「卡里斯，你要去哪裡？」丹尼爾跟在卡里斯身後追出去。

只見卡里斯又跑回原來的地方躺了下來。

「噢，卡里斯，原來你不喜歡你的新家！」丹尼爾很受打擊。

「丹尼爾，你要想一想卡里斯的感受啊！」晚上，爸爸回家後，一邊幫丹尼爾把卡里斯的房子搬回原位，一邊耐心地對丹尼爾說。

卡里斯不知好歹地傷了丹尼爾的心，在之後的幾天裡，他一直悶悶不樂，爸爸、媽媽出門上班後，丹尼爾也不和卡里斯玩了，自己在客廳裡看電視，把卡里斯關在外面。

卡里斯知道丹尼爾不裡牠，只得在外頭眼巴巴地看著丹尼爾。

這天，爸爸下班後，帶了一件玩具給丹尼爾，丹尼爾打開包裝精美的盒子才發現，原來是一個拼圖玩具。

「丹尼爾，這個拼圖不容易拼，假如你能拼完，我就帶你去吃麥當勞。」爸爸鼓勵丹尼爾。

「爸爸，要說話算話啊。」丹尼爾接過拼圖，提醒爸爸。

「那當然，爸爸永遠說話算話，」爸爸拍拍丹尼爾的腦袋，「加油啊！」

丹尼爾很喜歡這個拼圖，開始拼的前三天，他不知如何下手，亂拼一通。

「丹尼爾，你應該仔細地觀察這幅圖，那個拼圖拼出來就是這個樣子。」爸爸拿過一張圖給丹尼爾看，圖上畫的是一隻漂亮的大麥町狗。

丹尼爾接過圖，仔細看看了看，又看了看手中的拼圖片，「我想，我知道怎麼拼了。」

此後的幾天裡，丹尼爾一直認眞研究拼圖，甚至伊麗莎來找他去公園騎腳踏車，他都不願出門，「伊麗莎，我要把這張圖拼完再出去玩，我和爸爸打賭，不能輸的。」

「丹尼爾，拼圖好玩嗎？」伊麗莎好奇地問道。

「非常有趣，等我拼完，就可以教你了。」丹尼爾回答伊麗莎說。

卡里斯也在一旁認眞地看著丹尼爾，丹尼爾已經忘記了卡里斯曾經拒絕自己爲牠搬家的事，所以，他摸摸卡里斯的頭說，「卡里斯，爸爸帶我去吃麥當勞的時候，我會給你帶個漢堡回來。」

卡里斯對漢堡不感興趣，不過，只要丹尼爾不生牠的氣就好。

經過一個月的努力，丹尼爾終於完成了拼圖，當他看到拼圖上那隻神氣的大麥町狗時，特別開心。

可疑的照片

今天，丹尼爾和伊莎貝拉、麥可一起約好出去玩，可是突然下起大雨。沒辦法，三個人只好窩在家裡玩遊戲和看電視。

伊莎貝拉在廚房和丹尼爾的媽媽學作菜。伊莎貝拉沒進過廚房燒菜，媽媽今天教他的是蕃茄炒蛋。只見她興致勃勃地按著丹尼爾媽媽教的步驟，仔細地把蛋打進碗裡，接著用筷子把蛋黃攪碎，等蕃茄熟到差不多之

後，再把蛋倒進去，「噗嗤」一聲，蛋和蕃茄和在一起，再灑上些鹽巴和糖，一盤色澤漂亮、味道誘人的蕃茄炒蛋完成了。

中午，大家吃著伊莎貝拉作的蕃茄炒蛋都贊不絕口，尤其是丹尼爾，他幾乎都快把那一盤子蛋給吃完了，媽媽看著大家開心地吃著，也很開心。

「伊莎貝拉，你今天學會了作菜，還真是不容易啊！」麥可邊吃邊說著。

「哼！別只顧著說我，你會作菜嗎？」伊莎貝拉氣呼呼地瞪著麥可。

「嘿嘿，我還眞不會呢！不過你作的眞的挺好吃的，一點也不像第一次作菜的樣子！」麥可眞誠地看著伊莎貝拉。丹尼爾則在一邊直點頭。

「謝謝你！呵呵。」伊莎貝拉笑著說道。

「伊莎貝拉是個很聰明的孩子，你們應該多和她學習。」媽媽也在旁邊說道。

伊莎貝拉笑得更加自豪了。

下午媽媽出去後，丹尼爾望著外頭仍然下不停的雨無奈地嘆氣，看來

下午仍不能出去玩。於是，伊莎貝拉提議在家裡玩捉迷藏，麥可和丹尼爾也贊成。

按照抽籤順序，丹尼爾首先捉伊莎貝拉和麥可。丹尼爾蒙著臉開始數數，麥可和伊莎貝拉趕忙各自找起了藏身之地。

麥可跑到了二樓，走進了丹尼爾的房間。丹尼爾的房間不大，可以躲的地方也不多，麥可瞄了瞄落地窗，一個絕妙的主意出現在腦海中，他撩起窗簾躲了進去。

伊莎貝拉則跑到了花園，花園很多小樹，伊莎貝拉選擇了一棵矮樹，努力爬到樹上，接著把腿一夾，雙手緊緊地抱住了樹枝。眼睛剛好可以看到屋內的情形。

丹尼爾數到一百後便停了下來。他先跑到了樓上，房間一間間找過了卻都沒有發現麥可和伊莎貝拉，只剩下自己和父母的房間了。丹尼爾先去了父母的房間，櫃子裡、床下和窗簾後都沒有他們的身影，最後他卻在爸爸的抽屜裡翻到一張美麗女子的照片，照片看起來泛黃，但女子面容姣好，身材也不錯。丹尼爾發現爸爸竟然還在照片後面寫了「我愛你」三個

字。這個女子是誰呢？和爸爸又有什麼關係？

看見丹尼爾這麼久沒有找到自己，麥可和伊莎貝拉都自動走了出來，接著在丹尼爾父母的房間發現了正對著一張照片發呆的丹尼爾。丹尼爾把這件奇怪的事告訴麥可和伊莎貝拉，麥可認爲這個女子可能是是丹尼爾爸爸的初戀情人，所以還是不要告訴媽媽比較好。而伊莎貝拉則主張需要告訴媽媽，因爲她覺得夫妻之間不該互相欺騙。

丹尼爾想了很久還是沒辦法決定該怎麼做，最後他決定先向爸爸問清楚再說。

晚上爸爸回來之後，聽著丹尼爾的敘述，先是一楞，隨即哈哈大笑，原來照片中的女子是二十年前紅極一時的女明星，也是爸爸當時的偶像。

丹尼爾拿著照片，有些哭笑不得。

J.K.羅琳與片中主角：丹尼爾、艾瑪和魯伯特三人，連袂出席電影《哈利波特3——阿茲卡班的逃犯》倫敦首映。

尼爾，出席電影《哈利波特2
——消失的密室》倫敦首映。

於東京，丹尼爾馬不停蹄為電影《哈利波特2——消失的密室》作全球巡迴宣傳。

丹尼爾、艾瑪和魯伯特三人擺脫稚氣，攜手前往紐約宣傳《哈利波特3——阿茲卡班的逃犯》電影首映。

電影《哈利波特3——阿茲卡班的逃犯》劇照

電影《哈利波特2——消失的密室》劇照。

電影《哈利波特1——神秘的魔法石》劇照。

電影《哈利波特1——神秘的魔法石》劇照。

第四章
前進霍格華茲

初次走進螢幕

不知不覺丹尼爾已經五歲了，五歲的丹尼爾容貌俊秀，舉止得體大方，神態中有一種別的孩子沒有的沈靜，所以《霧都孤兒》劇組在倫敦地區甄選小演員時，鄰居朋友們都推薦丹尼爾前去應試。讓丹尼爾成為一位優秀的演員是丹尼爾父母很早就有的想法，但是考慮到《霧都孤兒》中奧利佛這個角色並不是很適合丹尼爾，所以還是沒有帶丹尼爾前去應試。這使丹尼爾意識到自己眞的可以成爲一位演員。

五歲的丹尼爾曾一次在父母面前許下未來的願望：做一位演員。

「丹尼爾，演員不是一份好職業，要受很苦的。」父母儘管很贊同他的想法，還是給他一些忠告。

「我知道，爸爸，我更喜歡你叫我丹尼」。丹尼爾幽默地回答父親。

「丹尼，你考慮好了嗎？」母親有些擔憂地問道。

「嗯。」丹尼爾堅定地點點頭，「無論如何，我應該有我的理想不是嗎？」

十歲的某天，丹尼爾的父母請朋友們在家吃飯，丹尼爾很懂事地幫忙父母招呼朋友。

「哎呀……丹尼爾眞是越長越英俊了。」客人摸著丹尼爾的小腦袋由衷地說道，「這麼漂亮的孩子應該去演個電影。」這下丹尼爾開心了，有人建議他應該去演電影，眞是太讓人興奮了。

「我喜歡演電影，」丹尼爾開心地說，「打從心底喜歡。」

「好孩子，有機會的。」客人安慰丹尼爾，後來，丹尼爾才知道，這位和藹可親的叔叔就是著名的製片凱特．哈爾伍德（Kate Harwood）。

丹尼爾讓這位著名的製片留下很深的印象，當他準備籌拍狄更斯名著《塊肉餘生錄》（David Copperfield）時，少年大衛的代表人物立即浮現在他面前，那就是丹尼爾。

雖然丹尼爾讓凱特．哈爾伍德留下了很深刻的印象，但是本著給其他孩子同等機會的原則，他讓丹尼爾和一群想當演員的小朋友參加試演，試演結果不盡如人意，有表演天分的孩子很多，第一輪試演下來，丹尼爾居然排在最後一位，這可讓父母很擔心，擔心丹尼爾的自尊心和自信心會受

到打擊，便勸丹尼爾放棄，沒想到看起來文靜的丹尼爾骨子裡竟然有一股傲氣：「爸爸，失敗了我不會哭，有那麼多優秀的小朋友，我不一定會被選中，但是我不想逃避，你說過，逃避是可恥的。」丹尼爾對父親說，表情是堅定且充滿自信，父母驚訝地發現，丹尼爾不知不覺中長大了。

在丹尼爾認真努力之下，最後《塊肉餘生錄》中少年的「大衛．考柏菲」角色被讓丹尼爾拿到手。

到了眞正要排戲的時候，丹尼爾才發現當演員是很辛苦的，別人在睡覺的時候，他要演戲。下戲時也要背臺詞，一切沒有以前想的那麼輕鬆，此時丹尼爾居然有打退堂鼓的念頭。

父親看出了他的心思：「丹尼爾，如果你覺得太辛苦就不要排了，現在改變志向還來得及，當個醫生也不錯啊！」父親說。

丹尼想起自己的誓言，「不！不覺得辛苦，我就是要當演員。」

「好，丹尼爾，做事一定要有始有終，無論多辛苦，都要堅持！」父親開心地對丹尼爾說，「我知道你不會那麼容易就放棄的。」

丹尼爾點點頭，表情是那麼的堅定、認眞。

成功，需要耐心等待

無論走到那裡，可愛的丹尼爾總是最受歡迎的一個，這次也不例外，劇組的人都很喜歡這個漂亮、很有紳士風度的小夥子。輪到丹尼爾的戲份時，其他的演員都聚在一邊，仔細地看他演出，教他許多表演上的技巧，使丹尼爾學到了很多專業知識。

和丹尼爾關係最好的是郝麗，郝麗不只是丹尼爾劇中的好朋友，離開片場，他們仍是很好的朋友。「丹尼爾，要有紳士風度，不可以搶郝麗的皮卡丘哦！」劇組的人總是這樣和丹尼爾開玩笑，丹尼爾很認真地說：「我不會搶的，如果我想要，爸爸會買一個給我。」

沒有他倆的戲份時，丹尼爾和郝麗也認真地坐在一旁觀看別人的演出，偶爾，他們會低聲交談些個人的感受。

郝麗要拍一場雨中的戲，很巧的是倫敦那天剛好下大雨，由於時間匆忙，郝麗沒有來得及收拾好皮卡丘玩偶就走進了片場。結果可想而知，皮卡丘玩偶掉在地上，沾了很多泥巴，變成了一隻小泥猴，郝麗看著髒兮兮

的皮卡丘玩偶便傷心地哭了起來。

「郝麗，不要傷心，我會魔術，可以變一個新的皮卡丘給你。」丹尼爾安慰哭泣的郝麗。

「真的嗎？」郝麗半信半疑。

「當然是真的，請給我時間。」丹尼爾說。

那天，丹尼爾把髒了的皮卡丘玩偶帶回家中，和父親到附近的賣場買了一個全新的皮卡丘玩偶。第二天，他把皮卡丘玩偶換給郝麗，郝麗又驚又喜：「哦！丹尼爾，這不會是你買的吧？」

「不是的，是偉大的魔法師丹尼爾變出來的。」丹尼爾認真地說。

「丹尼爾，你真了不起，我喜歡你。」郝麗高興地抱住丹尼爾，在他的臉頰上親了一下。

丹尼爾羞澀得臉都紅了：「是的，我們是永遠的朋友。」

出色的表演，郝麗拍完《塊肉餘生錄》後片約一直不斷。看著意氣風發的郝麗，丹尼爾既為她高興，又為自己傷心。

「丹尼爾，我相信你將來會成為一位出色的演員。」郝麗安慰垂頭喪

氣的丹尼爾，「你演的那麼好，眞是讓我羨慕。」

「謝謝你，郝麗。」丹尼爾眞誠地說道，「我爲你高興。」

《塊肉餘生錄》很快就拍完了，丹尼爾又恢復了往常的安靜。由於丹尼爾是整個劇組的好朋友，劇組的人無論走到哪裡，都會爲丹尼爾寄來明信片，和丹尼爾聯繫最勤的仍是和他同年的郝麗，郝麗在劇中飾演大衛幼年的好朋友。

「爸爸，爲什麼沒有人找我演戲呢？一直都有人找郝麗演戲？」丹尼爾把郝麗寄來的明信片給父親看。

父親沒有立即回答丹尼爾，而是把丹尼爾帶到了自家的花園中。

「這是你春天種的蕃茄，你看，這個是成熟的，嘗嘗味道如何？」父親摘下一個熟透的蕃茄給丹尼爾。

丹尼爾疑惑地接過來，咬了一口，「好像比昨天的味道好嘛！」又咬一口，「的確比昨天的味道好！」

「知道爲什麼嗎？」父親問丹尼爾。

丹尼爾搖搖頭。

「昨天摘下來的，並不是完全成熟的果子，而是半生不熟的，所以吃起來有些酸澀，今天摘的是熟透的果子，味道自然甜美。」父親耐心地說。

丹尼爾眨著眼睛，藍色的眼睛仿佛是一湖純淨的秋水。

「你是說郝麗是半生不熟的果子，哦，爸爸，你好壞哦！」丹尼爾故意對父親說道，「你這是滅他人志氣，長自己威風，我覺得郝麗將來一定會是一個好演員的。」

「哈！丹尼爾，你可是越來越壞了，竟然學會了擺我一道。」父親故意很生氣地說道，「我不過是想逗你開心，告訴你成功通常會來得很晚的，要耐心等待。」

「對不起，爸爸。」丹尼爾向父親道歉，父子倆重歸於好，繼續探討有關演戲的問題。

我就是哈利波特

時間過的很快，轉眼間丹尼爾已經是一個十一歲的小子了。媽媽說過

了十歲就應該更加懂事了。丹尼爾有一種忽然長大的感覺。

在學校裡，丹尼爾依然是一個好學生，學習認眞，和同學相處愉快。這幾年發生了很多的事情。瑪沙老師退休了，接替她的是一位年輕美麗叫麥琪的女老師。伊莎貝拉有了新的母親，對她挺不錯的，伊莎貝拉比以前開朗了很多。

這天晚上吃過晚飯後，丹尼爾和父親坐在沙發上看電視。父親喜歡看新聞。丹尼爾則一邊看電視一邊看著手裡的書，是《哈利波特——神秘的魔法石》，他最喜歡的一本書，雖然已經看了很多遍了，但丹尼爾仍然愛不釋手，每次看到這本書，都會想到吉米。這幾年來，哈利・波特系列的書已經風靡了全世界。聽說已經有電影公司打算把故事拍成電影，這眞是是太好了。

「最新消息，華納電影公司打算將英國女作家ＪＫ羅琳的暢銷書《哈利波特——神秘的魔法石》拍成電影，現在正爲徵選飾演主角哈利波特的事宜作準備，電影公司表示年齡在十一歲左右，有無表演經驗的小朋友均可報名……」

「啊！」丹尼爾一下子從沙發上跳了起來，然後激動地衝到了電視前。

「丹尼爾，你怎麼了？」爸爸感興趣地看著臉幾乎貼上電視的丹尼爾，丹尼爾一向是不太看新聞的。

「爸爸，你聽到沒有，《哈利波特——神秘的魔法石》要拍成電影了！要徵選演員呢！」丹尼爾興奮地大叫。

「哦，你也想試試嗎？」爸爸問道。

「是啊、是啊，我一定要試試去！」丹尼爾充滿了信心。

第二天一到學校丹尼爾就找伊莎貝拉和麥可商量。麥可和伊莎貝拉都很贊同他的意見，兩個人願意爲他加油打氣。

下午放學後，丹尼爾就和麥可還有伊莎貝拉一起到了電影公司門口瞧瞧，這裡聚集很多前來應徵的小朋友。大家都是一副自信滿滿的樣子。

排了很久隊，丹尼爾終於拿到了號牌，是三十七號。等待的時光漫長得可怕，丹尼爾以爲自己不會緊張，可是當叫到三十六號時，他才發現自己的額頭已滿是汗珠。伊莎貝拉用手拍了拍丹尼爾的肩膀，示意他不要緊張。丹尼爾點點頭。

「三十七號！」裡面傳來了喊號的聲音。

「是！」丹尼爾應了一聲，立刻往裡面走去。

裡面很寬敞，中間擺了一個長桌子，有三個人坐在長桌子的後面。中間是一個美麗的女子，旁邊是兩個年紀頗大的老人，三個人都面帶微笑，面容慈祥。

「孩子，你叫什麼名字啊？」坐在左邊的那個人問道。

「我叫丹尼爾，今年十一歲。」丹尼爾感覺自己的舌頭都打結了。

「好的，丹尼爾，你看過哈利波特的書吧！」

丹尼爾點點頭。

「我們給你出的題目就是演其中的一幕，講述小朋友們發現海格藏有一顆龍蛋，不用緊張，自然一點就可以了！」

丹尼爾忘記了自己是如何表演的，只知道看到三個考官滿意的眼神。

回到家後，丹尼爾很快就把這件事給忘了，學校多彩多姿的生活讓丹尼爾沒再回想表演結果是如何。

這天晚上丹尼爾正在洗澡。爸爸走進門邊對丹尼爾說：「猜猜他們選

了誰去演哈利波特？」

「是不是哈桑？」丹尼爾問。

誰知爸爸接著說：「不對，是你！」丹尼爾高興得跳了起來。

當天晚上，他睡到半夜兩點又爬了起來，搖醒爸媽問：「我是不是在做夢？我眞的要演哈利波特嗎？」

「是的，就是你！丹尼爾，要加油！」爸爸鼓勵他道。

「YA，我成功了！我就是哈利波特！」丹尼爾興奮得大叫起來。

我最棒

除了丹尼爾之外，還有另外兩位演員也被選進了劇組。對於未來的拍片生活。丹尼爾充滿了期待。同學們都很羨慕丹尼爾，紛紛向他要簽名，並說丹尼爾要成爲大明星了。伊莎貝拉和麥可也爲丹尼爾感到開心。

明天就要進劇組了，晚上媽媽做了很多丹尼爾平時最愛吃的菜。「丹尼爾，親愛的，你要好好加油啊，媽媽和爸爸會一直支持你的！」丹尼爾看見媽媽的眼角似乎閃著淚光。

「我知道了，媽媽爸爸，我一定會努力拍戲的！」丹尼爾認眞地說道。

「我相信你會做好的，孩子！」爸爸摸著丹尼爾的頭。

第二天一早，劇組的車接走了丹尼爾。一到拍片現場，丹尼爾馬上被安排進化妝間。他看見已經有兩個孩子在化妝。大概就是和他一起被選進劇組的人吧！其中一位是女孩子，有金色的頭髮、褐色的眼睛，可愛的小嘴，像個洋娃娃似的非常漂亮。另一位是男孩，一副很好相處的樣子，看見丹尼爾還友好地和他打招呼。

「你好，我叫魯伯特．葛林特，你呢？」

「你好，我叫丹尼爾！」丹尼爾也對他微笑了起來。

「嗨，你好，我叫艾瑪！」那個女孩也和丹尼爾打招呼。

「你好、你好！」在女孩熱情的眼光下，丹尼爾的臉紅了起來。

化妝師幫丹尼爾化起妝來，折騰了將近兩個小時，丹尼爾的妝終於化好妝了。他看著鏡子中的自己，不禁笑了起來。一副又大又圓的眼鏡重重地壓在鼻樑上，頭髮還用吹風機愼重地吹起，看起來還不差，而搭上黑色

的大衣後，和原著裡的哈利波特還眞像。

「好了，準備開拍！」丹尼爾聽到有人喊了一聲。

接著他們三人被帶到了拍片現場。丹尼爾首先認識了這部戲的導演克里斯——一位看起來有點凶實則很溫和的人。克里斯親切問丹尼爾他們幾個有沒有看過哈利波特系列書籍。丹尼爾點點頭，開始和導演談起了看哈利波特的心得。

「非常好，孩子，我相信你會演好你心中的哈利的！馬上就要開拍，不要緊張，自然一點就好了！」克里斯導演親切地說道。

第一場戲是哈利波特回到叔叔、嬸嬸家，但丹尼爾太緊張了，不是台詞忘了，就是位置站不對，拍了好幾次都沒有成功，克里斯導演只好先停下來，把丹尼爾拉到一旁。

「丹尼爾，你一定要融入哈利波特的角色中，忘記自己是丹尼爾，就當自己已經是書裡的哈利波特！這樣你才能不緊張！」克里斯導演很有耐心地開導丹尼爾。

「我知道了，導演，我會努力的，我一定會做好的！」丹尼爾說道。

「丹尼爾，加油啊！」艾瑪也走過來鼓勵丹尼爾。

吃過午飯後，丹尼爾又重新開始工作。中午休息時，丹尼爾又認真地把台詞背了一遍，並且請艾瑪和魯伯特幫他對台詞。經過一個中午的練習，丹尼爾又重拾信心。

當導演喊Camera時，丹尼爾立刻進入了角色，想像著自己就是那位會魔法的十一歲小男孩哈利波特。

「好，停，ＯＫ！」克里斯導演喊了一聲。

丹尼爾深深地舒了一口氣。

「孩子，做得不錯，你很棒！」克里斯導演拍拍丹尼爾的肩膀，滿意地說道。

丹尼爾開心地笑了起來。

永遠都是好朋友

時間飛逝，丹尼爾進劇組也有將近兩個月的時間了，慢慢地習慣劇組

的生活。拍電影很辛苦，丹尼爾終於體會到。每天很早就要起床，接著花很長的時間化妝，晚上經常要弄到很晚才能休息。

可是丹尼爾卻很快樂，劇組的人也對他非常好，尤其是克里斯導演。丹尼爾和劇中的兩位演員艾瑪和魯伯特成了非常要好的朋友，三個人親密合作，感情日漸濃厚。

但時間一長，丹尼爾便開始想念伊莎貝拉、麥可，還有爸爸媽媽。爸爸媽媽來看過他一次。伊莎貝拉和麥可因爲學校的功課關係不能抽空來看他，但他們經常打電話給丹尼爾。

劇組要求嚴格，所有演員若沒有特別的事情是不允許外出的，丹尼爾想請假出去見麥可和伊莎貝拉，可是克里斯導演並沒有同意。就這個方面來說，克里斯導演相當公正無私，因爲丹尼爾是主角，每天都有戲份。

丹尼爾很苦惱，對朋友和家人的思念也隨著時間的流逝更加強烈。這天晚上，丹尼爾的戲份比較少，不到十點便結束，克里斯導演特別准許丹尼爾早點回去休息，連日來不分晝夜拍戲已經使丹尼爾疲憊不堪了。

回到房間後不久，丹尼爾便躺下準備睡覺。但是過了很久，他卻沒有睡著。伊莎貝拉和麥可的笑臉不斷出現在腦海中。像是決定了什麼似的，忽然丹尼爾突然坐了起來，迅速穿好衣服。看看牆上的時鐘，已經深夜了。

悄悄地打開門，丹尼爾看見攝影棚的燈光已經熄滅，這表示今天的拍攝已經結束。丹尼爾鬆了一口氣。他慢慢走到大門口，驚喜地發現管理員已經睡著，於是躡手躡腳地走了出去，一出大門便立刻跑起來。

不知道跑了多久，丹尼爾只感覺心臟跳得好快、好快。等到他停下腳步時，發現自己竟然不知不覺地往伊莎貝拉家的方向跑。伊莎貝拉的家很漂亮，是個獨立的三樓別墅。伊莎貝拉的父親和繼母常年不在家，通常都是伊莎貝拉和幾位僕人同住。丹尼爾立即決定去伊莎貝拉家。

丹尼爾使勁地敲伊莎貝拉家的大門，急促的敲門聲在寂靜的淩晨時分響亮。過了很久，門終於開了，是伊莎貝拉開的門。

睡眼惺忪的她穿著睡袍，金髮散亂地披在頭上。「丹尼爾！是你！」伊莎貝拉驚喜地輕呼出聲。

「是啊，伊莎貝拉，我特地跑出來看你和麥可的！我很想念你們呢！」

丹尼爾說道。

「快、快進來！」伊莎貝拉立刻招呼丹尼爾進門。接著打電話給麥可。麥可正在睡夢中，接到伊莎貝拉的電話感覺很奇怪，得知是丹尼爾偷溜出來探望他時，口氣十分激動，便馬上趕到伊莎貝拉家來。

三個好朋友好久不見，有著說不完的話，丹尼爾興致勃勃地告訴伊莎貝拉和麥可劇組裡的有趣生活，講著新認識的好朋友、談拍戲的甜酸苦辣。伊莎貝拉則告訴丹尼爾最近學校發生的有趣事情。

時間在不知不覺中慢慢過去，天也漸漸亮了起來。紅通通的太陽從東邊慢慢升起。這時，伊莎貝拉家的電話刺耳地響起。

「喂，是伊莎貝拉嗎？我是丹尼爾的爸爸，丹尼爾是不是在你家？麥可也在吧？丹尼爾眞是胡鬧，不和劇組打聲招呼就自己跑出去了，現在整個劇組找他都快找瘋了，叫他趕緊回去！不要耽誤別人的工作！」爸爸的語氣十分嚴肅。

「好的，叔叔，我知道了！」伊莎貝拉輕輕地說完就放下了電話。

「伊莎貝拉、麥可，我想我該回去了，我會好好拍戲的，等戲一拍完我就會回來，到時我請你們去遊樂園玩！」丹尼爾說道。

「好，丹尼爾，就這麼說定了哦！」伊莎貝拉的聲音沙啞。

麥可走上前去抱住了丹尼爾。丹尼爾用手搭住了伊莎貝拉的肩膀，三個好友抱在一起。

「丹尼爾，我們永遠是好朋友！」麥可說道。

「嗯！」丹尼爾用力地點了一下頭。

耶誕節狂歡

不知不覺，一年一度的耶誕節就要來臨。克里斯導演提前一週通知大家耶誕節放假一天，大家可以好好休息，晚上還要辦化妝舞會。

這個消息立刻在劇組中傳了開來，每個人都相當興奮地期待這一天來臨。愛美的工作人員也悄悄開始準備服裝，希望到時候可受到眾人注目。

「丹尼爾，你準備好化裝舞會要穿的衣服了嗎？」艾瑪問著丹尼爾。

「沒有，還沒想好要穿什麼衣服，我以前也參加過這樣的舞會，記得去

年學校辦的時候，我穿的是蝙蝠俠的衣服。」丹尼爾撓撓頭。

「哈哈，丹尼爾，你知道嗎？我們學校去年也有人穿蝙蝠俠的衣服，後來竟然有女孩叫穿蝙蝠俠衣服的那個男孩從樓上往下跳，嚇得那個男孩轉身就跑了！」艾瑪笑著說。

「是嗎？呵呵！」

「丹尼爾，你陪我去買舞會穿的衣服吧，好不好啊？」艾瑪突然說道。

「啊？」丹尼爾忽然臉紅，除了伊莎貝拉之外，艾瑪是他看過最漂亮的女生了。

「我們就在附近的商店看看，你願意嗎？」艾瑪懇求丹尼爾。

「好吧！」能單獨和艾瑪出去簡直是太好了，但還是不要告訴魯伯特那小子，等到舞會時給他一個意外的驚喜。不過他肯定會氣死的。丹尼爾想到這忍不住笑了起來。

於是，丹尼爾和艾瑪向克里斯導演請了半天假，準備到附近的商店好好逛逛。許久沒有出片廠，丹尼爾和艾瑪覺得自己就像放出籠的小鳥，自在自由地呼吸著。接近聖誕節，周圍都彌漫著一股歡樂氣息，商店外的門

上都掛上了各式各樣的裝飾品，門口也有擺上聖誕樹，處處掛滿了彩色燈泡，一閃一閃的很漂亮。

丹尼爾和艾瑪走進了左邊街角的第一家商店，推門而入，一個玩具鸚鵡立刻用怪聲怪調的聲音說：「歡迎光臨！」艾瑪忍不住笑了起來。

「小姐，有什麼我可以爲您服務的嗎？」老闆笑盈盈地說道。

「老闆，我想買一套化裝舞會穿的衣服。」艾瑪看著琳琅滿目的商品有些眼花繚亂。

「呵呵，你看看這套埃及艷后的服裝，還有搭配的面具，最適合你這種身材高挑氣質幽雅的女孩子了！」老闆邊說邊拿出一套金光閃閃的美麗衣服。

艾瑪一看便再也不願意放下了，立刻去試衣間試了起來。衣服剪裁合適，穿在艾瑪身上非常漂亮。丹尼爾也在那裡買了一件蘇洛的服裝，想在晚會上好好出風頭。

舞會終於開始了，丹尼爾穿上蘇洛的衣服，戴上面具，風度翩翩地走進了會場。會場裡已人聲鼎沸，各種造型的人都有，有羅賓、獅子王、鹹

蛋超人……造型千奇百怪。

丹尼爾邊看邊猜測著誰是誰，那個獅子王造型可能是克里斯導演，因爲他個子比較高大，而且氣質也很霸氣。那個唐老鴨造型一定是魯伯特，那小子一向喜歡與眾不同。可是丹尼爾看了半天也沒有看見艾瑪。

突然，有人喊了一聲：「看哪！」

丹尼爾回頭一看，是艾瑪來了，只見她把栗色的長髮放了下來，頭髮上戴了一個具有埃及特色的蛇型王冠，V字領的連身長裙恰到好處的顯出她姣好的身材。孔雀羽毛製成的面具剛好蓋到她的鼻子，只露出那雙美麗的眼睛。眞是漂亮極了。

之後便有許多人邀請艾瑪跳舞，可是艾瑪都拒絕了。只見她慢步地走到丹尼爾面前，輕聲說道：「你願意請我跳一支舞嗎？」

丹尼爾楞了一下，接著只能機械地點點頭。

音樂響起，丹尼爾牽著艾瑪的手緩緩走到會場中央，兩個人翩翩起舞，丹尼爾擁著艾瑪，所有的一切變得如童話般美倫美奐起來。

我的未來不是夢

「卡，完成！」隨著克里斯導演洪亮的聲音響起，電影的拍攝任務終於在今天結束了。

「YA！」丹尼爾首先激動跳起來。

「哦，太好了！」艾瑪也激動抱著魯伯特又叫又跳。

「首先謝謝各位工作人員久來對我的支持，電影的前製拍攝工作，今天終於結束了，晚上有一個慶功宴，請各位工作人員務必準時參加！」克里斯導演說道。

「好！」攝影棚裡歡聲雷動。

丹尼爾進了房間後便開始環顧四周。看著床上的戲服和擺在牆上的劇照，照片中的自己笑得如此燦爛，丹尼爾心裡忽然湧出一股悲傷的情緒。這麼久的時間，經歷酸甜苦辣的種種生活，結交了許多好朋友，也學到了許多東西。

「丹尼爾，你在嗎？我可以進來嗎？」門外響起了艾瑪的聲音。

「我在，你進來吧，艾瑪！」

艾瑪走了進來，手裡拿著一罐星星，「丹尼爾，這罐星星是我摺的，現在送給你做紀念，希望你不要忘記我，我們永遠是好朋友！」艾瑪的眼睛紅紅的。

「傻瓜，我們當然是好朋友，我們的家距離很近，以後可以一起出來玩！我會寫信給你的。」丹尼爾微笑著看著艾瑪。

「眞的嗎？要記得哦！」艾瑪說道。

「當然！」丹尼爾認眞地說道，「艾瑪，這是我朋友送給我的一個小熊玩具，我現在轉送給你，希望你天天開心！」丹尼爾把以前麥可送給她的維尼熊遞到了艾瑪手上。

艾瑪愛不釋手地拿著熊擺動起來。「謝謝你，丹尼爾。」

艾瑪走了之後，魯伯特也來了，兩個男孩子沒有說話，只是緊緊地擁抱在一起。

晚上的慶功宴大家都特意穿上了戲裡的衣服，除了工作人員外，還來了許多媒體記者，現場鎂光燈閃爍不斷，人聲鼎沸，非常熱鬧。丹尼爾、

艾瑪和魯伯特身爲主要演員，接受了多家媒體記者的訪問。

「丹尼爾，你相信這個世界上有魔法嗎？」一個記者問道。

「是，我一直都相信。」丹尼爾從容應對。

「你喜歡哈利波特這個角色嗎？」

「是的，他可以做到我一直想做卻沒有做到的事情。」

「丹尼爾，聽說你和艾瑪的關係很好，你喜歡她嗎？」又是一個刁鑽的問題。

丹尼爾楞了一下，臉紅了起來。他看了艾瑪一眼，艾瑪的臉蛋也紅紅的。「艾瑪非常漂亮，我想任何男孩子都會喜歡他的！」

旁邊傳來一片笑聲。

採訪結束之後，大家開始用餐了。今天的餐點非常豐盛，都是丹尼爾喜歡吃的。他和艾瑪、魯伯特邊吃邊聊天，相當開心。克里斯導演稱讚丹尼爾和艾瑪、魯伯特表現得非常好，希望以後還有合作的機會。

隔天一早，爸爸媽媽便來接丹尼爾。媽媽看見日日思念的兒子，不禁潸然淚下。丹尼爾緊緊抱住母親。

「丹尼爾，親愛的，媽媽很想念你！」

「媽媽，我也是！」丹尼爾哽咽著說道。

回到家後，丹尼爾看見麥可和伊莎貝拉還有許多很久未見的同學都來了，他相當開心。麥琪老師特意買了一個禮物送給丹尼爾——是哈利波特系列全部的書。

「丹尼爾，我相信你是最棒的，你的未來不是夢！」麥琪老師親切地說。

幾個月後，《哈利波特——神秘的魔法石》電影橫掃世界各大電影院，成為當年度最受歡迎的電影。哈利波特的主角丹尼爾也成了當今熠熠生輝的童星。成為很多大人孩子心目中的偶像。

第五章
麻瓜生活

薪水和送報生相同？

儘管丹尼爾早在十歲時就拍過《塊肉餘生錄》，但在拍《哈利波特——神秘的魔法石》時，他仍是一位名不見經傳的小演員，所以，當時公司給丹尼爾的薪水只有七萬五千英鎊，這個數目和送報生的年薪相差無幾。每次從片廠回到學校，同學們總是喊：「嗨，丹尼爾，送報紙的魔法師，你現在的樣子真是酷斃了。」

回到家時，母親也笑著說：「看啊，我們的小送報生回來了。」

「哈哈，也許我將來的職業就是送報生呢！我覺得這個工作不錯，可以騎著單車到處跑，多酷。」丹尼爾說。

「是的，很酷，但是你應該先做功課，否則，將來會把報紙送錯地方的。」母親說。

「那和做作業有什麼關係？」丹尼爾不想寫功課。

「功課不好，知識不足，看不懂報紙當然會送錯！」

「你知道，我最不喜歡寫作業了。」丹尼爾邊寫作業邊說。

丹尼爾並不知道自己賺了多少錢，他的錢，父親都幫他存了起來，所以，面對同學的調侃，他露出哈利式的笑容：「是的，我自己也覺得不錯。」那時的丹尼爾對金錢還沒有什麼概念。錢有多少，他覺得並不重要，重要的是，他可以演最喜歡的魔法師，可以知道魔法石的秘密，還可以用魔法石趕走他討厭的人師或邪惡的壞人。

離開片廠，丹尼爾便回到一個沒有任何魔法的普通人了，想到明天還要交作業，他愁眉不展地說：「如果我眞的是個魔法師那該有多棒！」

剛開始拍攝的時候，認識丹尼爾的人很少，所以，他也是最輕鬆的一個。他像平常一樣地生活著，照常上朋友家玩，偶爾也要在片廠作功課。在所有人的眼中，他是一個陌生的孩子，這樣的感覺讓他覺得快樂極了，但隨著影片的上映，丹尼爾的名氣越來越大，開始有人找他簽名，熱情的FANS常常苦苦守候在片廠附近，等待著丹尼爾的出現。平常的日子變得有些措手不及，丹尼爾不是愛熱鬧的人，這樣的生活讓他苦惱，卻又不能逃避。

在片廠，丹尼爾是年齡最小的一個，也是最活躍的一個，沒有戲份

時，他看別人拍戲、幫化妝師提提箱子，拿拿東西之類的，或是專心地看別人演出。無聊的時候，甚至拿起道具，自導自演，玩得很開心。

沒有人搭理這個十一歲的孩子。十一歲，還是躺在父母懷裡撒嬌的吧！丹尼爾卻已經像個大人似的，有模有樣地拍戲了。

沒想到《哈利波特——神秘的魔法石》一夜成名，丹尼爾頓時成了全世界最閃亮的明星，神秘的魔法石爲他帶來了意外的好運，面對鏡頭，丹尼爾羞澀且興奮地說：「我想，我眞的擁有那塊魔法石。」這個小魔法迷令所有不相信魔法的人開始迷茫：究竟有沒有魔法呢？否則，那個原本普通的孩子爲何在一夕之間成名，一夜間成爲百萬富翁？

「你相信魔法嗎？丹尼爾。」小夥伴們總是疑惑地問。

「相信啊，我是一個魔法迷，」丹尼爾說道，「也許有一天，我眞的會擁有魔法石。」說完便隨手做了一個哈利波特的招牌動作。

和哈利王子比，誰富有？

拍攝《哈利波特——神秘的魔法石》、《哈利波特——消失的密室》、《哈利波特——阿茲卡班的逃犯》三部電影，丹尼爾的收入已經達到了令人稱羨的六百萬元英鎊。迄今爲止，丹尼爾的財富僅僅次於皇室的哈利王子，丹尼爾這個幸運的英國金童，他是二十一世紀初全世界最大的傳奇。

在《哈利波特——消失的密室》一片中，丹尼爾的片酬達到了十七萬五千英鎊，而在第三部《哈利波特——阿茲卡班的逃犯》、第四部《哈利波特——火盃的考驗》兩片中，丹尼爾的片酬肯定繼續增加。

丹尼爾不光有這些可以直接裝進口袋的收入，根據英國消息指出，丹尼爾還能從市場上出售、印有他照片的每一件相關商品的獲利中，得到一部分金額比例的提撥。現在丹尼爾不僅僅是一位演員，在他父母努力的經營之下，他可說是一件炫目的商品，正以驚人的速度增值。

據哈利波特系列叢書的原作者ＪＫ羅琳（J.K. Rowling）表示，她將計劃撰寫七本《哈利波特》系列叢書，因此這些收入對於丹尼爾·雷德克里夫來說，僅是一個開始。

「如果電影公司決定在以後的《哈利波特》影片中不再邀請目前的演

員，而是改用新演員代替這些主要人物的話，那麼這部影片肯定會失去影迷們的信任。所以實際上『丹尼爾．雷德克里夫』這個名字本身就是一種價值。」他們說，「如果他（指丹尼爾）能夠參與全部的七部影片，那麼他肯定會成爲全英國最富有的少年，同時也是全世界最富有的少年之一。」

有人猜測，在不久的將來，丹尼爾的財富將超過哈利王子。不過，丹尼爾的快樂和財富無關。他最喜歡的還是片廠的氣氛，自由自在，無拘無束。

「嗨，丹尼爾，你現在才是眞棒哩！你是英國年紀最小的百萬富翁。」夥伴們不再嘲笑丹尼爾了，不無羨慕的說道。

「我才不喜歡當什麼富翁呢！」丹尼爾說，「我想成爲一位眞正的魔法師，像哈利波特那樣。」

「假如我有哈利的隱形斗篷，走到哪裡別人都看不到我那有多好，我可以偷偷溜進演唱會現場、溜進電影院。假如我有一隻海格的三頭狗，你們想想那有多酷，沒有人敢惹我了。」丹尼爾繼續說道。

「丹尼爾，你就繼續做夢吧，夢醒了還是要寫功課的。」有人潑冷水。

「但是，哈利當初也只是一位普通人，最後還不是成爲一位厲害的魔法師，也許，將來，我可以成爲一個眞正的魔法師。」丹尼爾抗議道。

是啊，功課還是要寫的，哈利波特只會留在螢幕上，生活中，他還是要寫作業的丹尼爾。

清秀的丹尼爾最喜歡、最迷戀的體育運動竟然是摔角（WWF），每次拍戲前，他都以摔角比賽來調節自己緊張的情緒並鼓舞鬥志，他最喜歡的摔角手是ROCK，丹尼爾說：「每次看到ROCK，我都想激動的撲上去要簽名。」沒想到，萬人迷小魔法師原來也是位追星族！

其實，他一般人一樣，有自己喜愛的偶像、喜歡的電影，「我喜歡看《辛普森家庭》、愛聽U２樂團的歌，愛聽各種音樂，另外，我還是個瘋狂的足球迷，Fulham是我支持的球隊，球隊裡的每個隊員都是我的偶像。」

沒想到文靜的丹尼爾竟然會喜歡激烈的運動：「那有什麼關係，我是男孩子，當然喜歡激烈的運動了，可惜我不是眞正的魔法師，否則，足球將被我隨心所欲的操縱。」說到興奮處，丹尼爾藍色的眼睛裡發出快樂的光芒。

轉眼間，十一歲的小男孩已經長成了一個十五歲的英俊少年，時間改變了他許多，不過丹尼爾一直是那個快樂的魔法師。

金錢的作用

丹尼爾對金錢的初步認識是五歲那年。

某天，丹尼爾和爸爸到公園騎腳踏車，在公園的角落裡，有幾位乞討的流浪者，其中有一個和丹尼爾差不多年紀的孩子，只見他穿著破爛衣服，臉上都是污垢，他看著丹尼爾的腳踏車，眼中充滿了渴望。

丹尼爾停了下來，看著那個小孩子。

爸爸把幾塊錢放在丹尼爾的手中，示意他施捨給那個孩子。

「爸爸，他會用錢買腳踏車嗎？」丹尼爾問。

「不，他不需要腳踏車，他需要的是麵包。」爸爸說。

「可以用錢換到麵包？」丹尼爾問。

「當然了，錢可以換來很多東西。」

「那麼，以後爸爸你每天給我一些錢吧，這樣我就可以換到想要的東西了。」丹尼爾看著爸爸說，既然錢這麼有用，自己身上也要帶一些，如此就可以買到想要的東西了，「我昨天在超市看到一個超人模型，要買下來。」

爸爸覺得有必要給丹尼爾上一節有關使用金錢的課。

「丹尼爾，錢雖然可以換來很多東西，但有些東西，是錢買不到的。」爸爸說，「從今天開始，爸爸每個月給你五英鎊的零用錢，但是你必須把用途記下來，我不希望你變成一個亂花錢的孩子」。

丹尼爾很開心：「謝謝爸爸！」每個月有五英鎊呢，丹尼爾突然覺得自己很富有開心極了。

不過，丹尼爾的五英鎊可是從來沒有花掉過，因爲他根本用不著，他需要的東西爸爸都會買給他。

「爸爸，我發現我不需要這五英鎊。」丹尼爾要把錢還給爸爸。

「也許有一天你會用到的。」爸爸說，讓丹尼爾把錢放進自己的存錢筒裡，「你是個男子漢了，當然需要一些錢。」

聽到這樣的話讓丹尼爾很開心，因爲爸爸說他是男子漢！拍完四部《哈利波特》，丹尼爾已經是超過六百萬身價的小富翁了。

「丹尼爾，你有這麼多錢，準備怎麼用啊？」艾瑪問丹尼爾。

丹尼爾沒有想過這個問題，「錢都是爸爸幫我存起來，事實上，我們也不需要，是吧！」丹尼爾說。

「怎麼會不需要？」艾瑪立即反駁丹尼爾，「我要買新衣服，買口紅、指甲油什麼的，需要很多錢呢！」艾瑪一一列舉自己用錢的原因給丹尼爾聽。

「我的衣服都是媽媽幫我買的，再說，我也不需要口紅、指甲油什麼的。」丹尼說，「我也不喜歡自己去買東西，看到專櫃推銷員就害怕。」

「是呀，你們男孩子衣服總是很少。」艾瑪一邊展示自己的新裙子，一邊說，「衣服是女孩子的第二生命呢！我喜歡新衣服。」

丹尼爾低頭看自己手中的書本，他現在很用功，休息的時候總是抓緊時間惡補功課，因爲爸爸說過，如果丹尼爾因爲拍戲而耽誤課業，那就必須放棄拍戲，回到學校好好用功學習。

「凡事總不可能一帆風順的，生命總是這麼無可奈何。」丹尼爾嘆息。

「可憐的丹尼爾，我眞是同情你！」魯伯特說。

「得了吧，你的成績單也是一樣不好。」艾瑪說，「爲什麼你不能像丹尼爾那樣用功呢！」

「因爲我不想。」魯伯特衝著艾瑪給個白眼就跑到道具師傅那裡去了。

艾瑪要去化妝師那裡給她看看自己的新裙子，不過，她又問了丹尼爾一句：「丹尼爾，你眞的不喜歡錢嗎？」

「說不上喜不喜歡，」丹尼爾放下課本說，「我只是很少用錢，所以對錢沒有什麼具體的概念。」

「丹尼爾，你眞是個不錯的小子，也許我也應該向你學習，不過，我眞的很需要新衣服，呵呵……」艾瑪笑著說。

忙碌的拍戲時光

在英國青少年中，丹尼爾不單單是哈利波特的扮演者，他還是一個偶

像，是一個傳奇。

平民出身的丹尼爾在財富上僅次於哈利王子，而且，丹尼爾長相英俊，更討女孩子喜歡。

最主要的是，他能騎掃把飛行、施魔法，在影迷心目中，丹尼爾就是哈利波特。

當記者把這樣的話告訴丹尼爾時，丹尼爾覺得很有趣。

「哦，完全不是那麼一回事。」丹尼爾說道，「丹尼爾就是丹尼爾，我只不過是演了哈利波特這個角色而已。」丹尼爾隨手拿起身邊的一把掃把騎了上去，「你看，並沒有飛起來是不是？現實中沒有那樣神奇的事。」

丹尼爾和艾瑪．瓦特森是好朋友，艾瑪在劇中扮演妙麗，和許許多多的女孩子一樣，很在意自己的戲服夠不夠漂亮，每次開拍之前，總要一遍一遍的問丹尼爾：「丹尼爾，我的衣服漂亮嗎？是真的漂亮嗎？你不是在騙我吧？」

「是的，漂亮極了，你的衣服是全劇組中最漂亮的。」丹尼爾只好一遍遍不厭其煩地回答。

艾瑪和丹尼爾都喜歡吃冰淇淋，沒有他們的戲份時，兩人常常會買兩份冰淇淋，一邊吃，一邊看別人拍戲。

「艾瑪，冰淇淋吃多了很容易胖的，胖了拍戲就不漂亮。」有人對艾瑪說道。

艾瑪很愛漂亮的，聽到這句話，立即把手中的冰淇淋給了丹尼爾，「我以後再也不吃冰淇淋了。」艾瑪發誓。

雖然丹尼爾很喜歡吃冰淇淋，可是，既然艾瑪不吃了，自己一個人吃也不大好，於是他對艾瑪說：「以後，我也不吃了。」

「丹尼爾，我就知道你最好了。」艾瑪開心地抱住丹尼爾，在他的面頰上親了一下，害丹尼爾臉紅，「丹尼爾，你臉紅的樣子眞好看。」艾瑪繼續逗丹尼爾，丹尼爾害羞得不知道說什麼好，只得跑到化妝師那裡，假裝看他們化妝。

有人認爲丹尼爾會很喜歡哈利波特這個角色，畢竟，沒有哈利波特就沒有今天的丹尼爾，丹尼爾反駁：「完全不是那麼一回事，我覺得厭倦，我總是把拍哈利波特和我不想做的事聯繫在一起，不過，在片廠的樂趣非

常多，所以我也不覺得累，每次拍戲，都覺得像是自己平時過生活一般，很有趣，也很精彩。」

不只是丹尼爾受劇組的歡迎，卡里斯也是劇組的寵物呢！有一次丹尼爾出門的時候，卡里斯咬住他的衣角，無論怎麼說就是不肯鬆開，烏黑的眼睛看著丹尼爾，彷彿是在說：「帶我一起去嘛，我可不想整天被關在家中。」

沒有辦法，丹尼爾只好帶著卡里斯，當然，要先告訴牠不許在片廠搗亂，卡里斯不停地點著頭，沒問題、沒問題的，走吧，快點走吧，拖著丹尼爾的衣角往外跑，「現在你倒是比我著急了。」丹尼爾輕輕地扯了扯卡里斯的耳朵說。

卡里斯到了片廠果然很安靜，牠安安靜靜地趴在那裡看丹尼爾拍戲，專注認眞的樣子像在演戲。大夥很快就注意到了這個可愛小傢伙，休息的時候，爭著和牠玩，給牠食物吃，卡里斯邊吃邊看著丹尼爾「怎麼樣，我受歡迎吧！」

不知道爲什麼卡里斯不喜歡艾瑪，艾瑪想抱牠的時候，牠就很快地跑

開，有時來不及跑掉，便轉開臉，不肯看著艾瑪，「眞是的，和你家主人一樣怕看美女。」艾瑪點著卡里斯的黑鼻頭說。卡里斯不服氣地叫了起來，好像在說，才不是呢，我喜歡的是丹尼爾。周圍的人都笑了起來。

拍戲同時讀書

雖然丹尼爾已經是個小富翁，又是有名的明星。可是丹尼爾可不這麼想，他總覺得自己和以前沒什麼兩樣，還是那個怕交作業的丹尼爾。演哈利波特改變的是他在別人心中的位置，對他自己來說，眞的和過去沒什麼兩樣。

現在，忙於拍片的丹尼爾簡直沒有時間上學，一年要拍十一個月的戲，十二月份回家短暫的休息一下，就要回到學校上一個學期的課，接著繼續拍戲。這樣的安排，對於一個十幾歲的孩子可能是苦了一點，但是丹尼爾可是從來不叫累的。

由於長時間沒有上課，丹尼爾回到學校覺得有些陌生，還好，同學們

沒有拿他當明星看，而是和以前一樣和他玩耍。

當然，沒有課的時候，他們會問他一些拍電影的問題，比如特技是怎麼拍出來的？他的大眼睛是怎麼回事？等等問題。

以這些作爲交換，丹尼爾便向他們請教一些課業上的問題。

伊麗莎現在是丹尼爾的同學了，她幫丹尼爾留意功課。

「丹尼爾，你現在可是名人啦，不能在課業上偷懶。」伊麗莎先爲丹尼爾打預防針，丹尼爾有些不好意思，因爲他就是怕作功課。

「我們很久不見了，我買了一個禮物送你！」丹尼爾採取攻心政策，對伊麗莎說，丹尼爾送伊麗莎的禮物是芭比娃娃，這是艾瑪幫他挑的禮物，「放心吧，女孩子都喜歡芭比娃娃，沒錯的」。伊麗莎果然很喜歡芭比娃娃，她開心地抱住芭比娃娃說：「丹尼爾，你眞是太好了，謝謝你。」

禮物歸禮物，伊麗莎指導起功課來還是不留情面的。

當然，功課作完後，丹尼爾還是可以很開心地玩上一會兒，最開心的應該是卡里特和卡里斯，牠們圍繞著丹尼爾跑來繞去，表現出喜悅的心情。

很久沒有時間整理花園了，丹尼爾和伊麗莎一起把花園裡的雜草除去，種上菊花。「丹尼爾，以前你是種蕃茄的啊？」伊麗莎看到丹尼爾這次不種蕃茄而是改種菊花，很是奇怪。

「現在沒有時間照顧它們了，只好種菊花啦！因爲菊花比較容易活，而且不必每天澆水，這樣的話，即使我很長時間不在家，它們也會長得很好的。」丹尼爾認眞地說。

「放心吧，丹尼爾，我會替你照顧它們的，你看，卡里斯和卡里特不就是很好的嗎？」伊麗莎指著蹲在地上的卡里斯和卡里特說道，卡里斯和卡里特立即點點頭，似乎在說：「謝謝你呀，伊麗莎。」

丹尼爾也點點頭說：「謝謝你，伊麗莎，你和艾瑪都是我的好朋友。」

伊麗莎對艾瑪產生了好奇，總是問艾瑪長什麼樣子，喜歡穿什麼樣的衣服，是不是也喜歡芭比娃娃。

「哎……女孩子就是這樣……」丹尼爾在心裡嘆氣，只好一一回答她的問題。他知道，假如不回答的話，伊麗莎就會一直追問下去。

「女孩子爲什麼那麼麻煩呢？」晚上丹尼爾和媽媽談到伊麗莎的時候，

便問了媽媽。媽媽和爸爸相視而笑說：「丹尼爾，她們不是麻煩，只不過你喜歡的和他們喜歡的不一樣而已，例如，你喜歡魔法、喜歡搖滾，伊麗莎卻喜歡漂亮衣服，其實你們都差不多。」

爸爸說：「丹尼爾，伊麗莎現在是你的課業小老師呢！你要聽她的話，好好學習！」

「放心吧，爸爸，我不會偷懶的，要是到時候考試考得不好，我眞是丟哈利波特的臉呢！」丹尼爾認眞地說完，就回自己的房中看書去了。

「我們的丹尼爾長大了，開始變得有責任心了。」父親對媽媽說，兩人的臉上都顯出滿意的笑容。

卡里斯走失了？

自從伊麗莎負責爲丹尼爾指導功課後，她便板起粉紅色的小臉蛋，一本正經地當起了丹尼爾的小教師，丹尼爾可不敢不聽她的安排，否則，伊麗莎便向父親告狀。丹尼爾眞是又氣又恨，且無可奈何，「伊麗莎，你知

道嗎？你這完全是叛徒的行爲，背後告狀的都不是好人。」

伊麗莎不同意丹尼爾的觀點，「我這完全是爲你好，哪是叛徒？假如，我不把你不唸書的事情告訴你父親，你就永遠不會學好，這樣，長大了就只會是一位流浪漢……」

「好了，好了，我好好唸書就是了。」丹尼爾怕伊麗莎喋喋不休，只好舉手投降。

丹尼爾認眞做功課的時候，卡里斯也認眞地在地上尋找著什麼，似乎也在研究問題。

「丹尼爾，你長大以後會離開這裡的吧？」伊麗莎問，想到這個問題她就有些難過，丹尼爾是她從小玩到大的好朋友，最主要的是，丹尼爾一直都是一位很會照顧人的小紳士，自己小時候生病，就是丹尼爾來照顧自己。

「媽媽說，我們長大了都會離開的，」丹尼爾說，「可是，我想，我們將來應該不會住太遠的是不是？倫敦又不大。」丹尼爾安慰伊麗莎。

伊麗莎喜歡騎腳踏車，不幫丹尼爾指導功課的時候，他和丹尼爾便騎

著腳踏車帶著卡里斯去郊外遊玩。郊外風景優美，綠色植物一層一層波浪狀地延伸向至遠方，小鳥歡快地歌唱，這樣的情景在倫敦市區看不到，丹尼爾伸出雙手擁抱大自然，「眞是舒暢，伊麗莎。」

「是的，丹尼爾，太美了！」伊麗莎深深的呼吸著，「這裡的空氣眞是新鮮！」

卡里斯大概是第一次見到這樣的景色，高興得有些發瘋，撇開腳丫子就是一陣亂跑，一副精力過剩的樣子。

「喂，小子，留點精力回家啊，你不會想讓我背你回家吧。」丹尼爾衝著亂跑的卡里斯喊道，卡里斯停了下來，看了丹尼爾一眼，好像在說「放心吧，我不會的。」接著又跑開了。

「快來看啊，丹尼爾，好漂亮的花啊！」伊麗莎在遠處向丹尼爾揮著手，丹尼爾對花可不感興趣，草叢裡有很多小昆蟲，在丹尼爾腳下跳來跳去，簡直是在誘惑丹尼爾去捉，丹尼爾便擄起袖子，朝昆蟲們奔去，兩個人一條狗，各得其所，玩得不亦樂乎，忘了時間。

等到天色漸漸暗了下來，丹尼爾才想起應該回家了，「伊麗莎，你在

哪兒？」先找伊麗莎。

「我在你的背後呢！」伊麗莎說道，「我等你很長時間了，你自己玩得倒是開心！」伊麗莎埋怨丹尼爾。

「對不起，伊麗莎！」，丹尼爾覺得不好意思，自己太貪玩了，「卡里斯呢？」

「應該還在那邊吧！」伊麗莎指著被卡里斯踩倒的一大片草地說道。

「卡里斯，我們回家了！」丹尼爾喊了起來，哪裡有卡里斯的影子，丹尼爾和伊麗莎著急起來，兩個人拼命喊著，就是不見卡里斯的蹤影，伊麗莎又驚又怕，哭了起來。

「別哭，伊麗莎，沒事的，我們先回去，明天我們可以報警尋找卡里斯，別擔心，牠不會有事。」丹尼爾自己也很害怕，可是，他不得不假裝像一個男子漢似的安慰伊麗莎。

「丹尼爾，伊麗莎，你們在哪裡？」遠處，是丹尼爾爸爸的聲音，他來找他們了，丹尼爾和伊麗莎向爸爸跑過去，走進了才發現，卡里斯和爸爸在一起。

原來，卡里斯跑累了，覺得餓，可是丹尼爾只是忙著捉昆蟲，沒有時間搭理牠，卡里斯覺得無聊，便自己走呀走的回到家裡了。

卡里斯不知不覺回到家裡，吃過飯，還睡了一覺，直到天色漸漸暗了下來，還是不見丹尼爾回來，下班回家的父親著急起來，便帶著卡里斯一路找了過來。

「卡里斯，你太壞了，走的時候也不打聲招呼。」回到家中，丹尼爾埋怨卡里斯，卡里斯嗚嗚叫著，似乎在抗議：「我等了你一會，是你自己沒有發現。」媽媽笑了起來，「丹尼爾，這件事應該怪你的，你不但沒有照顧好伊麗莎，也沒有照顧好卡里斯。」

卡里斯開心地叫了兩聲，似乎是說「就是啊，就是啊」。

丹尼爾摸摸卡里斯的頭說：「對不起啦，你今天可成了英雄了！」

兩個女孩的相遇

由於丹尼爾的關係，艾瑪和伊麗莎雖然從來沒見過面，卻已久聞對方

的大名。

「丹尼爾，你那位老朋友還好嗎？」兩人經常通過丹尼爾問候對方。

丹尼爾在家加強補習功課的這段時間，艾瑪經常打電話來，交流一下即將開拍的下一部哈利波特，另外順便問候一下伊麗莎，「丹尼爾，我要和伊麗莎講話」，艾瑪每次這樣說，丹尼爾便把話筒交給伊麗莎，從來沒有見過面的兩位小姑娘電話裡聊得投機，丹尼爾好奇她們爲什麼會有那麼多話題可聊，連伊麗莎都聊得眉飛色舞，開心地哈哈大笑。末了，伊麗莎還邀請艾瑪到她的家中做客。

週末天氣風和日麗，艾瑪穿得漂漂亮亮地來到伊麗莎家中做客，兩個十幾歲的女孩子有著說不完的話，她們唧唧喳喳地討論衣服和髮型、哪個男明星最帥，丹尼爾是一句話也插不上，只好鬱悶地爲她們準備果汁。

在伊麗莎家的花園裡，有一個不大不小的燒烤平臺，伊麗莎的父母已經爲他們準備好了豐富的燒烤料理，三個人分工，丹尼爾負責烤，伊麗莎和艾瑪則是負責吃。

「太不公平了！」丹尼爾強烈的抗議，結果抗議無效，丹尼爾只好烤，

伊麗莎和艾瑪邊吃邊聊天，陽光燦爛，心情愉悅，只是丹尼爾有些鬱悶

「爲什麼、爲什麼？」

丹尼爾只好對著卡里特抱怨，卡里特很同情丹尼爾，可是牠也幫不上忙。

好在她倆也不是那麼無禮，兩人跑過來幫忙丹尼爾，伊麗莎把肉一串一串地串起，艾瑪和丹尼爾則忙著烤，至於卡里特，牠可是吃得顧不了做其他的事了。

吃過飯，伊麗莎帶著艾瑪參觀自己的花園。

「哦，鬱金香，這是我最喜歡的花。」艾瑪看到鬱金香時驚喜地叫了起來。

「待會送你幾枝好了。」伊麗莎很大方地說。

「伊麗莎，你太好了！」艾瑪開心地抱住伊麗莎。

吃過了，也看過了，當然少不了三個人共同的嗜好——騎腳踏車漫遊。

「丹尼爾，我們到公園裡比賽好不好？輸的人要請喝果汁。」艾瑪建議道。

「我看也不用比賽了，直接由我請客就可以了。」丹尼爾說。

「那樣多沒有意思啊！」艾瑪說。「比賽一下才有樂趣嘛！」

「是的，還是比賽的好，丹尼爾一向是我的手下敗將呢！」伊麗莎得意洋洋地說。

「哼，眞是把我看扁了，」丹尼爾不服氣，「我只是沒有發揮好而已。」

「希望你今天發揮得好，因爲我騎腳踏車是很厲害的。」艾瑪大聲說。

在公園的跑道上，三個孩子的比賽吸引了在那兒聊天的老人們，老人們自發地分成了三組，一組給漂亮的艾瑪加油，一組爲可愛的伊麗莎加油，另外一組是給丹尼爾加油的。

「好，開始！」一位老爺爺主動擔任了鳴笛的任務，三個孩子聽到口哨聲立即努力地往前衝了出去，第一圈下來，三個人並列，第二圈下來，艾瑪有些落後，「加油，加油！」艾瑪的啦啦隊員喊道。

「伊麗莎，如果我們贏了，艾瑪啦啦隊的那些爺爺奶奶會傷心的。」丹

尼爾輕聲地說。

「是啊，如果我輸了，爲我加油的爺爺奶奶們也會傷心的。」伊麗莎也輕聲說道。

「如果，我們是並列的話，他們就都不傷心了是不是？」丹尼爾狡黠的眨著眼睛說。

最後，三人一起到達了終點，各個啦啦隊的人都很開心。

「看他們開心的樣子，我覺得我們今天的表現很棒。」丹尼爾抹著頭上的汗說道。

「是啊，現在的感覺眞是棒極了。」艾瑪也說。

果汁還是要丹尼爾請了，誰叫他是個男生呢！

第六章
哈利的魅力

好運擋不住

隨著年齡的增長，丹尼爾越長越俊俏，在《哈利波特——神秘的魔法石》還未上映的時候，走在大街上的丹尼爾已時常被搭訕。

這天，丹尼爾和爸爸去賣場幫媽媽買些日用品，賣場人擠人，丹尼爾緊抓住爸爸的手，害怕走散。這時，爸爸發現有兩個漂亮的女孩總是走在他們的前面，不時的回頭看他們幾眼，再低聲耳語幾句，爸爸急忙整理一下自己的頭髮，挺了挺胸膛，丹尼爾看到爸爸這麼緊張的樣子，便故意打趣：「爸爸，你確定那兩個漂亮女孩是在看你嗎？」

丹尼爾的父親又整理整理自己的領帶，自信地說：「當然是在看我啦，你看看四周，是不是我最帥？」

丹尼爾向四周看了看說，「果眞是你最帥。」

爸爸越來越開心了，當那兩個女孩又回頭看他們的時候，爸爸便露出了自認為很迷人的笑容，丹尼爾搖搖頭，提醒爸爸說，「爸爸，媽媽在家等我們呢。」

「我知道、我知道，我們一會兒就回家。」爸爸心不在焉地回答丹尼爾，步伐越走越快，不知不覺就走到了兩個女孩子的面前，兩個女孩看到丹尼爾立即笑了起來：「小弟弟，你長得好帥啊！你是我們見過最漂亮的男孩子，不介意的話可以一起拍張照嗎？」丹尼爾也笑了，他抓住要走開的爸爸的手說：「謝謝！」

「你願意幫我們拍照嗎？」其中的一個女孩把照相機舉到丹尼爾爸爸的面前問道。

「當然，非常願意。」爸爸儘管心裡很難過，不過還是笑著答應了。

爸爸幫女孩們拍了好幾張照片，那他們才滿意地離開，兩位可愛的女孩還不知道一起合影就是即將風靡全世界的魔法師呢！等《哈利波特——神秘的魔法石》上映的時候，他們大概會興奮得跳起來吧！

告別了兩位女孩，爸爸的樣子很沮喪，丹尼爾安慰爸爸：「沒什麼，爸爸，我相信你年輕的時候一定很帥的。」

「哦，你是說我老了？」爸爸不高興。

「爸爸，對不起，你知道那不是我的意思。」丹尼爾誠懇地向父親道

歉。

「好吧，我們還是快點買東西吧。」爸爸再也沒有精神和丹尼爾慢慢逛賣場了，於是便催促起丹尼爾。

丹尼爾把媽媽寫的單子拿出來，按單子把要買的商品一件件放進購物車，走到玩具貨價，丹尼爾停了下來，原來是最新款的玩具賽車。

丹尼爾看看爸爸，爸爸也看看丹尼爾：「丹尼爾，我敢打賭，媽媽的單子上一定沒有寫賽車這項。」丹尼爾只好求爸爸：「爸爸，我最近按時完成作業，還幫媽媽做家事了呢，是不是應該獎勵我一下……」

雖然爸爸心情不好不大想買，但是還通情達理：「幫你買可以，但我有一個條件。」

「爸爸竟然還有條件？」丹尼爾奇怪不已。

「就是不可以把今天的事告訴你媽媽。」爸爸指的是那兩個女孩子的事，丹尼爾立即點頭：「放心，絕對保密。」

回到家裡，丹尼爾便和父親一起研究玩具賽車的功能，媽媽在廚房準備晚餐。媽媽作好了晚飯，要叫丹尼爾和爸爸一塊用餐，卻發現爸爸在研

究賽車，而丹尼爾卻無聊地看著電視。看見媽媽，丹尼爾便抱怨：「你看，每次是我要買，結果卻是被爸爸搶去玩。」

媽媽笑著說：「誰叫你爸爸小的時候沒有這樣的玩具！」

「是啊，現代的小孩可是比我小時候幸福多了。」爸爸贊同媽媽的說法。

「這台車不可以記在我的帳上。」丹尼爾抗議。

「好的，記在爸爸的帳上。」爸爸很大方地說。

此時，電話響起，是賣場打來的，原來丹尼爾買的那款賽車玩具正在舉辦促銷抽獎活動，他們抽中了丹尼爾，按規定，將得到了一套組合音響。

「哦，丹尼爾，真是太棒了。」爸爸開心的說，他正想買一套組合音響呢！

「爸爸，是我堅持買賽車的哦！」丹尼爾提醒父親之所以中獎完全是自己的功勞，可是爸爸已經和媽媽飛奔至賣場了，來不及聽不到他的話。

那個男生真帥

這天早上，丹尼爾還在睡夢中就被艾瑪和伊麗莎揪了起來，丹尼爾睜開矇矓的眼睛，只見艾瑪和伊麗莎都穿著一身運動服，「你們要做什麼？打球嗎？」丹尼爾疑惑地問道。

「是啊，天氣這麼好，我們去郊外的運動場打球吧！」艾瑪說，「丹尼爾，我發現你越來越懶惰了，這麼好的天氣竟然還在睡覺。」艾瑪嘲笑丹尼爾。

丹尼爾才想替自己辯解，伊麗莎已經搶先說了起來，「艾瑪，你誤會丹尼爾了，他昨晚唸書，很晚才睡。」

「爲什麼要唸書啊？丹尼爾，有功課要做嗎？」艾瑪奇怪地問道。

「不是劇組的功課，是學校的功課。」伊麗莎繼續說，「丹尼爾不想讓別人認爲他只會演戲，卻不唸書，所以，他一直很努力地在加強功課。」

「丹尼爾，你眞是太了不起了，我也要好好的讀書了。」艾瑪說完轉身就要回家，「艾瑪，補課也不一定要在今天啊，陽光燦爛的好天氣，我們

是應該好好的運動一下了。」丹尼爾拉住急忙要走的艾瑪說道，「以後，你和我一起唸書好了，反正我們是同一個年級。」

「是啊，艾瑪，和我們一起吧！」伊麗莎也邀請艾瑪。

「好啊！」艾瑪高興地答應了。

倫敦難得好天氣，郊外運動場上人很多，卡里斯很快就發現了自己的朋友，一溜煙地跑得沒了蹤影，「這個討厭的卡里斯，真是的！」丹尼爾實在不知道怎麼形容牠。

「好啦，不要管它了，它一定會玩得很開心的。」艾瑪給了丹尼爾一個羽毛球拍，「來吧，帥哥，我們來比一場如何？」

「你忘了你曾是我的手下敗將啊！」丹尼爾接過球拍說道。

「今非昔比，今非昔比的道理你忘了嗎？丹尼爾。」艾瑪揮了揮手中的拍子，「放心，我不會讓你輸得太狼狽的。」

「但願如此，希望你不至於輸得掉眼淚。」丹尼爾開始發球。

果然是今非昔比，不過是兩個月沒有打球，艾瑪的球技果然突飛猛進，讓丹尼爾刮目相看。

艾瑪越戰越勇，漸漸的丹尼爾讓無力招架，在他們的周圍，逐漸圍了一些和丹尼爾年齡差不多的女孩子，她們對著丹尼爾指指點點地說：「他好帥！」慢慢地，看丹尼爾打球的人越來越多。

運動場來了一位超級帥哥的消息也越傳越遠，女孩們一邊討論丹尼爾的帥氣，一邊爲丹尼爾加油。眼看丹尼爾就要輸了，便爲丹尼爾加起油來：「嗨，帥哥，加油啊！」看著這麼多的人看著自己，丹尼爾很是害羞。

「看好了，小帥哥！」艾瑪說著，發了一個來勢洶洶的球。

「加油啊、加油啊，小帥哥！」丹尼爾的啦啦隊立即狂叫起來，雖然丹尼爾已經很努力地不讓他的啦啦隊們失望，無奈體力不支，實在是抵不住艾瑪的進攻，只好舉手向艾瑪投降，「好了，好了，今天你很棒，讓我休息一下吧！」

伊麗莎先拿了飲料給艾瑪，一回頭，才發現丹尼爾根本不需要她的飲料，他的啦啦隊們早爲他準備好了飲料。

「你看丹尼爾，簡直就是『少女殺手』，我們還是離他遠一點好！」艾

瑪說完拉著伊麗莎就走，「我們去找卡里斯。」

不用找卡里斯，牠已經向她們跑過來了，「卡里斯，看看丹尼爾現在有多跩、多酷，來，和我們玩吧。」伊麗莎說。

「剛才和你們一起打球的那個男生好帥，你們認識他嗎？」一個小女孩走過來問艾瑪和伊麗莎，「哦，我們只是打了打球，並不認識他。」艾瑪說。

「爲什麼要說謊呢？」小女孩走後，伊麗莎奇怪地問到。

「如果說我們認識丹尼爾，她一定會纏著我們問個沒完。」艾瑪說，「我可不想惹麻煩，她要是夠膽，直接去搭訕丹尼爾好了。」

可憐的丹尼爾，正被一群女孩圍在中間，被迫回答各種問題！

「你們太過分了，」回家的路上，丹尼爾對著艾瑪和伊麗莎抱怨，「看到我那麼尷尬也不來幫我。」

「哦，丹尼爾，你今天眞是太酷了，我敢說，要是貝克漢也沒有你這麼風光，」艾瑪說，「你是標準的『少女殺手』！」

「得了吧，我可沒有那麼酷，不過我現在倒是很想殺你呢！」丹尼爾氣

憤地說，艾瑪和伊麗莎開心地笑了起來。

意外的訪客

春天的陽光分外明媚，丹尼爾舒服地坐在沙發上看電視，享受這難得的空閒時光。

已經很久沒有這麼悠閒地坐在家裡看電視了，雖然電視播放的不外乎是無聊的親情倫理劇，可是丹尼爾仍有滋味地看著，吃著影迷送的零食。

昨天丹尼爾和艾瑪、魯伯特好好聚了一下，三個好朋友已經很久沒有見面了。艾瑪似乎更加漂亮，魯伯特則有點胖。三人還一起去看了克里斯導演，克里斯導演請他們到外面用餐。

伊莎貝拉家新買了一隻小狗，叫波比，很可愛。白色的毛，褐色的眼睛，配著短短的四肢。伊莎貝拉對牠愛不釋手，每天晚上都要牽著牠散步，有時還非要拉著丹尼爾一起不可。而最近麥可走桃花運，有個比他小一歲的小女孩老是纏著他說喜歡他。生活中到處充滿了陽光，眞是太好

了。丹尼爾滿足地想著。

突然，電話鈴聲響起，「喂……」電話裡沒有人說話。可能是打錯了，於是丹尼爾放下話筒。

沒過多久，電話又響了起來，丹尼爾奇怪地拿起話筒，那端依然沒有回應。可能有人在惡作劇吧！丹尼爾沒有理會，繼續看起電視。

電話又響起，「喂，你找誰啊，請問你有事嗎？」丹尼爾的語氣有些凶，到底是誰在惡作劇呢？

「你……你是丹尼爾嗎？就是演哈利波特的那個演員嗎？」電話那頭傳來一個小女孩因爲激動而有點顫抖的聲音。

「我是丹尼爾，你是？」丹尼爾的語氣緩和了下來。

「我是溫蒂，是你的影迷，我現在就在你家門口，我可以進來和你聊聊嗎？如果不行的話也沒關係……」女孩的聲音越來越低。

「當然可以，你待會。」丹尼爾溫柔地說道。

開門後，走進一位大約七、八歲的漂亮小女孩，金色頭髮，碧藍的眼睛。「你好，我是溫蒂，我……」

「溫蒂你好，坐啊！」丹尼爾熱情地招呼溫蒂坐下。

「丹尼爾哥哥，我是伊莎貝拉姐姐的鄰居，是她告訴我你的電話和地址的，剛才我打電話給你是想看你在不在家，可是我很緊張，打了幾次都不知道要和你說些什麼！」溫蒂說道。

「沒關係，你想說什麼都可以告訴我！」

「丹尼爾哥哥，我很喜歡你演的哈利波特，眞的好厲害哦，而且你也長的好帥哦，我們班有很多女生喜歡你呢！」溫蒂熱烈地看著丹尼爾。

面對熱情的影迷，丹尼爾忍不住臉紅：「溫蒂，謝謝你們的支持，我也很喜歡哈利波特，他讓我認識了很多朋友、體驗了不同的生活。你們都是我的好朋友！」

接著丹尼爾開始說起拍戲生活遇到的種種趣事，溫蒂聽得津津有味，不時還開心地笑起來。溫蒂也說同學爲了看哈利波特的電影不惜蹺課被抓的悲慘經歷。丹尼爾告訴溫蒂，電影可以以後再看，但是上課一定要認眞上。

下午溫蒂和丹尼爾一起在家看哈利波特系列的書籍，丹尼爾還送給溫蒂一套，溫蒂開心得手舞足蹈。他還教溫蒂下棋，溫蒂很聰明，很快就學會了。

晚間，媽媽燒了可口的菜餚，丹尼爾邀溫蒂吃晚餐，接著送溫蒂回家。溫蒂依依不捨地和丹尼爾道別，臨行之前還親了丹尼爾臉頰。

「丹尼爾哥哥，我會永遠支持你的！」溫蒂朝丹尼爾揮著手。

丹尼爾也微笑著向她道別：「溫蒂，有空來看我！」

「我們結婚吧！」

《哈利波特——神秘的魔法石》在全球熱映後，無名小子丹尼爾這下可出了名了，他再也不是那個走在大街上沒有人認識的普通人丹尼爾，現在，無論走到哪裡，總有一些小女孩追著他，要他的簽名、合照。

對於這些要求，丹尼爾總是盡可能地滿足她們，想當初自己也是這麼執著於搖滾樂，可以爲了樂團的簽名而開心得睡不著。

「丹尼爾，你竟然也是個追星族。」艾瑪實在是沒想到外表文靜清秀的

丹尼爾竟然喜歡搖滾樂。

「是的，我喜歡刺激、總是讓人熱血沸騰、激情澎湃的音樂，非常喜歡。」

「丹尼爾，你可以幫我個簽名嗎？」艾瑪拿出一個小本子說。

「你沒搞錯吧？還是想嘲笑我？」丹尼爾奇怪。

「我的一個妹妹非常地崇拜你，她託我要你的簽名，丹尼爾，你不會不給我吧？」艾瑪可憐巴巴地說。

「當然不會了，」丹尼爾接過本子，認眞的簽上自己的名字，「作爲交換，你也簽一個給我吧，我有個妹妹也是很喜歡你呢。」

「眞的嗎，丹尼爾？」這下子輪到艾瑪驚奇了。

「當然啊，我堂妹一點都不喜歡我演的哈利波特，她喜歡你演的妙麗，非常喜歡，經常纏著我問很多有關你的問題。」

「哈哈，丹尼爾，原來我也有崇拜者啊！」艾瑪開心極了，不但鄭重其事的簽上自己的名字，還在名字下面寫下了「妙麗永遠愛你」這句話。

「丹尼爾，如果有誰想要我的簽名，你儘管拿來，我不介意簽到手抽

筋。」艾瑪意猶未盡地說。

「放心吧，有你簽到手抽筋的時候。」導演一邊說道。

果然是這樣，在之後的電影宣傳中，艾瑪簽名簽到手痛不已，苦叫：「哎呀，我的手要殘廢了。」晚上回到劇組，艾瑪晃著自己的手說道，當然了，丹尼爾也好不了哪去，手無力到連麵包都抓不住。不過，丹尼爾在宣傳中遇見的妙事可真不少。

丹尼爾是倫敦少女心中的白馬王子，無論他走到哪裡，總會招來眾多女孩的驚呼聲，這個小子的人氣已經超過了很多大牌明星。

最驚奇的一次是，某天，丹尼爾在倫敦作宣傳時，有位小影迷竟然當眾向丹尼爾求婚：「丹尼爾，我很喜歡你，我想你也會喜歡我，我們結婚吧！」那是一位和丹尼爾一樣，有著金黃色頭髮、淡藍色眼睛的漂亮女孩，此時，她正用那雙充滿渴望的藍色眼睛看著丹尼爾。

宣傳會場一片安靜，每個人都想聽聽丹尼爾將怎麼回答，丹尼爾的額頭上冒出了豆大的汗珠，良久，才說：「很抱歉，我想我不能答應你，因爲我們都還未成年！」

「那你會等我嗎！」小影迷繼續追問，眼睛裡的渴望越來越明顯。

「會的，讓我們一起長大。」丹尼爾輕輕地說。

活動結束後，艾瑪立即找上丹尼爾：「你不會眞的等她長大吧？」

「我想，她長大後未必會繼續喜歡我，就像我小時候喜歡賽車而現在不喜歡了一樣，假如我拒絕她，會傷她自尊心的。」丹尼爾看著艾瑪說，「你想我說得對嗎？」

「當然對了，我們的超級帥哥。」艾瑪親熱得搭住丹尼爾的肩膀說，「你也會一直等我長大吧！」

丹尼爾的臉又紅了起來，艾瑪笑著走開了。

快樂的舞會

爲了慶祝丹尼爾的成功，爸爸決定爲丹尼爾舉辦一場家庭舞會。

「丹尼爾，別忘了邀請你的朋友，而我來邀請我的朋友。」爸爸對丹尼爾說。

「爸爸，我有一個建議。」丹尼爾看著正準備打電話的爸爸說道。

「什麼建議？」爸爸放下手中的話筒，他對丹尼爾的建議感興趣。

「既然是爲我舉辦的舞會，我就應該是主人，可不可以不和你的朋友一起？」丹尼爾說。

「爲什麼？」父親很詫異丹尼爾的想法，「丹尼爾，拒絕別人是一件不禮貌的行爲。」

「爸爸，我的朋友都是小孩子，和你們在一起，他們就不可能玩得很開心，你們大人總是限制我們什麼該玩、什麼不該玩，我不過是想讓大家盡興地玩。」丹尼爾解釋原因。

「其實，丹尼爾說得很有道理。」媽媽站在丹尼爾的一邊。

「好吧，舞會當天，我和你媽媽去看電影，舞會結束後我們再回來。」爸爸想了一會兒，便答應了丹尼爾的要求。

「謝謝爸爸媽媽！」丹尼爾開心的說，「我這就去打電話。他們聽到這個消息一定很開心。」

第二天，丹尼爾在爸爸的幫助下，去超市買了很多零食和水果，爸爸

和媽媽走後，丹尼爾開始將家中佈置得花花綠綠、熱熱鬧鬧。

第一位走進來的是伊麗莎，「呵……丹尼爾，你家眞漂亮，很有氣氛呢！」伊麗莎放下手中的水果，環顧四周。

「眞的嗎？」丹尼爾開心地問。

「嗯，眞的很漂亮，還有什麼需要幫忙的？」伊麗莎說，「我可是特地來幫你的喔！」

「謝謝！已經全部弄好了，現在只需要等待大家的到來。」丹尼爾開心地說。

漸漸地朋友都到齊了，舞會正式開始，說是舞會其實也不是，因爲丹尼爾的朋友根本不愛跳舞，只對丹尼爾的玩具感興趣，至於女孩子們則聚在艾瑪的周圍，聽艾瑪講述拍電影時遇見的各種好玩事。

麥可是丹尼爾家的常客，他對丹尼爾的玩具不敢興趣，最喜歡的是和卡里斯賽跑。當然，丹尼爾是裁判。

「準備好了！」丹尼爾喊道，「開始！」

只見卡里斯和麥可立即像脫弦的箭一般，立刻向終點飛奔而去。

「加油啊，麥可！」眼看麥可和卡里斯的距離拉越來越遠，丹尼爾爲麥可加油。麥可已經跑不動了，卡里斯站在終點等著麥可。

「卡里斯，你眞討厭，每次都跑在前面，也不等等我。」麥可抱住卡里斯的脖子埋怨道，卡里斯得意洋洋的看著麥可，仿佛在說，「哈哈，又輸給我了。」

「討厭的卡里斯，我發誓再也不和你玩了。」麥可生氣地走開了，卡里斯才不怕沒人和他玩，看，艾瑪又來了！

「卡里斯，想死你了，你還好嗎？」艾瑪開心地抱著卡里斯說道，卡里斯親熱地舔著艾瑪的手，躲在一旁偷偷地看著卡里斯的麥可簡直要氣炸了：「哼哼，沒良心的卡里斯，是誰給你烤香腸吃的？」

這時，卡里斯發現了正在生悶氣的麥可，便跑到麥可的面前，熱情的咬著他的鞋帶。此刻麥可立即怒氣全消，又開心地和牠玩了起來。

不擔心大家玩得又累又餓，丹尼爾已經準備好了餐點，每個人都拿到了自己最愛吃的食物，艾瑪吃著果醬麵包說：「丹尼爾，你眞是太棒了！」

「是啊，丹尼爾，你怎麼知道我喜歡吃巧克力麵包啊？」伊莎貝拉一邊

吃著手中的巧克力麵包，一邊好奇地問道。

「我打電話邀請你來參加舞會時問你的啊，難道你不記得了嗎？」丹尼爾說。

「或許我真的不記得了」伊莎貝拉說著，又拿了一個巧克力麵包，「不過沒關係的，最重要的是我要多吃幾個。」

「想吃多少都可以。」丹尼爾開心地說，「伊麗莎，這是你喜歡的蔬菜沙拉，嘗嘗味道如何？」丹尼爾招呼伊麗莎。

「好極了！」伊麗莎嘗了味道後對丹尼爾說道。

吃過晚飯，大夥們準備回家。

「丹尼爾，謝謝你！」大家和丹尼爾告別。

不自由的明星生活

《哈利波特——神秘的魔法石》未上映時，丹尼爾可以輕鬆自由地到學校上課、到賣場買自己喜歡的拼圖，想去哪裡就去哪裡，非常自由，但現

在卻完全不一樣了。

電影在全球上映後，丹尼爾聲名大噪，無論他到哪裡總會引起陣陣尖叫，緊接著是出現混亂不堪的場面，最後，丹尼爾乾脆便不輕易出門。

記得那一天，單獨在家的丹尼爾突然很想玩最新款式的拼圖，於是，他便一個人到附近的大型賣場逛起來。

賣場的人很多，丹尼爾東走走、西看看，這時一位年約十三、四歲的女孩發現了丹尼爾，她怯生生地走到丹尼爾面前，緊張地問：「你是丹尼爾．雷德克里夫？」丹尼爾點點頭：「是的。」女孩漸漸激動：「你是哈利波特？」丹尼爾繼續點頭：「是的，我是演哈利波特的演員。」小女孩激動地尖叫起來：「哦，丹尼爾，我眞是太喜歡你演的哈利波特了！可以幫我簽個名嗎？」

「當然可以！」丹尼爾接過她手中的本子，才準備要在上面簽名時，便見到一群和丹尼爾一樣大的孩子靠了過來：「哈利波特！哈利波特！」他們瘋狂地叫著，簡直要把整個賣場的人都叫過來丹尼爾身邊，賣場的保全人員一看這樣的場面，立即維持秩序。

在賣場保全人員的幫助下，丹尼爾才順利地走出擁擠的人群，當然，小紳士丹尼爾也沒有忘記幫第一位發現他的女孩簽名。

「我的小魔法師，記得下次出門一定要化妝哦！」把丹尼爾送回家後，賣場保全人員好心地提醒丹尼爾。「謝謝！」丹尼爾心裡很鬱悶。

既然出不了門，就只好老老實實地在家待著了，丹尼爾仿佛又回到了小時候，在花園裡養花，和卡里斯一起嚇卡里特，卡里特滿眼幽怨地看著丹尼爾：「爲什麼欺負我？」丹尼爾摸著卡里特的頭，笑了起來。

丹尼爾覺得這樣的日子無聊極了，還好，伊麗莎和艾瑪經常來找他，調皮的麥可也帶了很多玩具來爲丹尼爾打發寂寞時光。

「艾瑪，爲什麼你就可以大搖大擺地走來走去啊，我是一刻也不能出去。」丹尼爾看著艾瑪這麼自由，很疑惑。

「因爲我出門之前都化妝。」艾瑪一邊對伊麗莎展示自己的新裙子，一邊說，「丹尼爾，今天天氣不錯，我們去公園玩吧。」

「可是，別人會認出我的。」丹尼爾表示自己的擔心。

「一切包在我身上，」艾瑪說，「有我百變艾瑪在，沒有搞不定的

事。」

說著就要動手，「丹尼爾，我需要的道具是一個寬邊帽子、一副墨鏡。」艾瑪讓丹尼爾找她要的東西，丹尼爾只好把爸爸的墨鏡和寬邊帽子拿出來，勉強用用了。

只見艾瑪把寬邊帽子和墨鏡給丹尼爾戴上，又爲丹尼爾圍上自己的大圍巾，「你看，伊麗莎，還能認得出丹尼爾嗎？」

伊麗莎搖搖頭，「好像認不出來！」

「我就說了嘛，包在我身上。」艾瑪開心地說道。

丹尼爾這幅打扮引來眾人的眼光，人們都奇怪地看著丹尼爾：「這孩子怎麼啦？」

丹尼爾覺得很不舒服：「艾瑪、伊麗莎，我們還是回去吧，感覺糟糕極了。」

艾瑪和伊麗莎不想回去。「沒什麼，不是挺好的嗎！」艾瑪圍著丹尼爾轉了一圈說道。

兩個人正僵持不下時，一位女孩疑惑地走到丹尼爾面前，上下打量了

一會，「你不會是丹尼爾吧？聽說他家就在附近。」

丹尼爾不知如何回答是好。「你看他像嗎？他有那麼帥嗎？他不過是得了重感冒而已，」艾瑪替丹尼爾解圍，對女孩說道，一邊回頭低聲說，「快跑，丹尼爾！」三個人立即跑了起來，而那位女孩還在疑惑呢！等她明白過來，丹尼爾已經安全地回到家中。

第七章 葛來芬多學院

魔法下的友誼

丹尼爾喜歡讀書，八歲的時候就開始讀《哈利波特——神秘的魔法石》，雖然那時，他對故事內容似懂非懂，但是丹尼爾認眞的神態卻讓父親深感欣慰。

「丹尼爾這麼小讀這樣的書合適嗎？」媽媽擔心地說。

「沒有什麼不合適的，」爸爸說，「丹尼爾愛讀書是一件好事啊！」

「我沒有說這不是一件好事，只是怕他會長大之後，眞會成爲書呆子，天啊，我無法想像丹尼爾成爲書呆子的樣子！」媽媽實在是擔心極了。

「放心吧，丹尼爾將來會是一位很聰明的小孩。」爸爸向媽媽保證，讓她放心。

雖然有爸爸的保證，但是媽媽還是不放心，所以，只要看到丹尼爾坐在爸爸的書房裡，捧著厚厚的書本時，媽媽總會設法把丹尼爾趕到屋外玩耍。

「丹尼爾，最美麗的風景、最好玩的東西都在你的眼前，到自然界去尋找吧。」媽媽這樣鼓勵丹尼爾。

在爸媽兩種不同的教導方式下，丹尼爾成了一位安靜、聰明、極討人喜歡的英俊小男生。而丹尼爾贏得出演哈利波特這個角色的資格後，最開心的不是爸爸，也不是丹尼爾，而是媽媽。

「媽媽，你看，我不是書呆子吧！」丹尼爾對媽媽說，「書呆子是不可能從那麼多小朋友中勝出的。」

「是的，丹尼爾，你眞棒！媽媽很開心呢！」媽媽說。

「媽媽，你爲什麼擔心我會成爲一個書呆子呢！」丹尼爾好奇媽媽有這樣的想法。

「你啊，小的時候也不大和小朋友們一起玩，只喜歡翻那些厚厚、看不懂的書，有時候，別的小朋友欺負你，你也不反抗，那時你不知道我有多擔心呢！」媽媽回憶起丹尼爾小時候的樣子，仍是深有感觸。

「我是小紳士，我才不和別人打架呢！但講道理就可以。」丹尼爾說。

剛到劇組的時候，儘管丹尼爾和大家不熟，但仍有很多人第一眼看到丹尼爾就立即喜歡他。

「嗨，丹尼爾，你眞是討人喜歡！」很多人看到丹尼爾時總是這樣說，而丹尼爾就只能羞澀地說：「謝謝！」

而艾瑪這個熱情開朗的小女孩，和丹尼爾一見面便能聊上一個鐘頭，一下子就成了無話不談的好朋友。但魯伯特就沒有那麼好相處了，他似乎是不喜歡丹尼爾，看丹尼爾的眼神一點也不友好。

那時，導演爲了培養三個人之間的默契，讓他們天天待在一個房間內，一起看電視、玩遊戲。

剛開始的幾天，魯伯特根本不理會丹尼爾的搭訕，丹尼爾也不介意，每次看完一節《哈利波特——神秘的魔法石》，就告訴魯伯特和艾瑪自己的想法。

有一次，魯伯特終於和丹尼爾說話了，不過他說的是：「丹尼爾，我眞看不慣你這一副女孩的樣子。生氣嗎？我們出去單挑如何？」

丹尼爾放下書本，走到魯伯特面前，艾瑪以爲他們要打架，擔心得不知如何是好。

不過丹尼爾卻不是預備要打架，他說，「魯伯特，我知道我的樣子不討你喜歡，不過，我們是爲了哈利波特才來這裡的，不是嗎！你不喜歡我沒關係，我只希望一起合作把這部戲拍好，不然，我們都會被導演狠狠罵一頓的。」

「是啊，魯伯特，你幹嘛討厭丹尼爾啊？丹尼爾人很好，我相信我們以後會成爲好朋友。」艾瑪說道。「你想想，我們是從幾千位小朋友中間挑出來的，不能讓大家失望。」

「我又沒有說不好好演。」魯伯特說，「你們放心，我不會讓導演失望的。」

之後的日子，魯伯特和丹尼爾成了一對好朋友，在《哈利波特——神秘的魔法石》上映時，有小影迷向丹尼爾求婚，當時的丹尼爾不知道如何回答，還是魯伯特教他如何回答的呢！

當記者問到他們的關係時，丹尼爾開心的說：「對於劇情我們偶爾會有些意見，但在日常生活中，我們很有默契，我很開心有艾瑪和魯伯特這樣的朋友。」

艾瑪和魯伯特相視一笑，三個好朋友的手緊緊握在一起。

艾瑪的神秘木盒

拍戲的日子過得很快，艾瑪、魯伯特和丹尼爾已經成爲非常要好的朋友了。在戲裡合作默契極佳，戲外更是形影不離。

晚上沒有戲拍的時候，他們經常聚在艾瑪的房間裡打牌或下棋。艾瑪的房間通常整理得井井有條，一絲不紊。丹尼爾經常有些慚愧，艾瑪不愧是女孩子，心細如塵。不像他和魯伯特的房間亂得一塌糊塗，CD、襪子、書籍……丟得到處都是，進去連站的地方都沒有。

這天晚上，三個人又聚到艾瑪的房間下棋。艾瑪從冰箱拿出了飲料，接著又拿出許多零食。打開電視，艾瑪坐在沙發上，丹尼爾和魯伯特則坐在地毯上，棋盤鋪在沙發上，三個人一邊吃零食下棋，同時看著電視，一派悠閒。

艾瑪的棋下得不錯，魯伯特和丹尼爾經常輸給她。魯伯特很不服氣，表示要單獨和艾瑪下一盤，丹尼爾當裁判。丹尼爾坐到了一邊，專心的看魯伯特和艾瑪下棋。兩個人這次下棋的時間相當長，一直僵持不下。於是

百般無聊的丹尼爾開始東張西望。

突然，他瞄到艾瑪的枕頭底下鼓鼓的，似乎藏著什麼東西，便好奇地走過去，移開枕頭一看，原來是一個做工精細的小木盒，木盒上掛著一把小巧的銅鎖。丹尼爾把它拿了起來，好奇地摸了摸。

「不要動我的東西！討厭！」艾瑪的嬌叱聲伴著一個軟軟的靠墊向丹尼爾丟去。

丹尼爾楞楞地看著艾瑪。

艾瑪氣急敗壞地走到丹尼爾面前，一把搶過了那個木盒。「你怎麼可以隨便動別人的東西呢？這是個人隱私你知道嗎？」艾瑪的語氣有些凶。

「對不起，我不是故意的！」丹尼爾說道。

「道歉有用嗎？」艾瑪冷哼了一聲。

魯伯特也覺得艾瑪今天有些奇怪，平時她總是溫柔有禮，對別人的錯誤也非常寬容。今天怎麼了。於是伯特便勸道：「艾瑪，丹尼爾的確不是故意的，你就原諒他吧！」

「不關你的事，你不要說話！」艾瑪看了魯伯特一眼。

「你……」魯伯特還沒說完，就被丹尼爾拉了出去。

「魯伯特，算了，我們還是走吧！」丹尼爾心裡也開始感到不舒服，今天的艾瑪確實很奇怪。都已經道歉了，難道真要得理不饒人嗎？不就是一個木盒嗎？

第二天一早，三人都有戲，可是怎麼也演不好，一組鏡頭拍了好幾遍也沒拍完。克里斯導演的耐心正逐漸喪失，不禁有些生氣的說道：「你們三個人今天是怎麼了？平時的默契都去哪裡去啦？」

艾瑪和魯伯特、丹尼爾都低著頭不說話。克里斯導演宣布今天上午暫停拍片，下午繼續。丹尼爾和魯伯特逕自走到了丹尼爾的房間，單獨留下了艾瑪。

過了一會兒，忽然有人來敲門。丹尼爾打開門，是艾瑪。只見她手裡抱著那個惹禍的木盒，神色悲哀。

「丹尼爾，我是來向你們道歉的，昨天都是我不好！」艾瑪一進屋就說道。

「沒關係，沒關係！」丹尼爾說道，其實他早已經不生艾瑪的氣了。

「是啊，算了，我們都是朋友嘛！」魯伯特撓撓頭。

「其實，這個盒子裝的是我和一位好朋友的照片。她是個很可愛很善良的女孩子。我們感情很好，可是前幾年她生病去世了，我非常難過，就把我們唯一的一張照片放在一個木盒裡，隨身攜帶，我覺得她會一直守護我！」艾瑪的眼眶微紅，然後輕輕打開了木盒，丹尼爾看見裡面照片上有個很可愛的女孩子，甜甜的笑著。

艾瑪流下淚，丹尼爾輕輕拍了一下她的肩膀，「艾瑪，你不要傷心，我和魯伯特都是你的好朋友。」

艾瑪終於微笑著點點頭。

下午的拍攝便輕鬆地過關了。

保姆丹尼爾

丹尼爾和艾瑪是同年出生的孩子，兩個人有著很多的共同話題，在整部電影中，丹尼爾和艾瑪又是一對好朋友，所以在劇組中，丹尼爾和艾瑪

的關係也最好，無論丹尼爾有了什麼新想法，總是第一個找艾瑪，在艾瑪的協助和鼓勵下，丹尼爾的演技越來越好。艾瑪則是有了新衣服也總是問丹尼爾好不好看，或者，麥當勞出新產品的時候，艾瑪總是請丹尼爾去品嘗品嘗。

「我實在是太喜歡麥當勞了！」艾瑪一邊大口吃著漢堡，一邊對丹尼爾說。

丹尼爾點點頭：「感覺好棒！」眞是令人羨慕的友誼！

由於時間的關係，丹尼爾常常把作業帶到片廠作，偶爾碰到不懂的問題，艾瑪總是熱心地幫助丹尼爾解釋問題，許多人甚至以爲丹尼爾和艾瑪正在談戀愛呢！

「哦……不，你們怎麼會有這樣的想法。」艾瑪急忙爭辯道，「我和丹尼爾是好朋友，眞正的好朋友，丹尼爾，你說是不是？」

丹尼爾點點頭說：「是的，我們是好朋友。」

有一次，丹尼爾和艾瑪拍攝一組從窗口飛出去的鏡頭時，丹尼爾的拍攝部分很順利地完成，接著是艾瑪鏡頭。

艾瑪走到窗前，她向外面看了一眼，做了一個ＯＫ的姿勢，導演示意開拍，只見艾瑪躍身一跳，似乎是一切順利，他就要落地了。

但，就在艾瑪距離地面還有三公尺的時候，安全繩索不知道什麼原因竟然斷了，艾瑪尖叫著摔到地上。

倒楣的艾瑪可說是劇組的狀況大王，她很少能順利地拍完一組戲，這次也不例外。

丹尼爾緊張極了，立即跑過去，艾瑪躺在地上，臉色蒼白的閉著眼睛，「艾瑪！艾瑪！你沒事吧？」丹尼爾擔心地叫道。

艾瑪躺在地上，眼睛還是緊閉著，「艾瑪！艾瑪！」丹尼爾害怕地大聲叫了起來。

「放心吧。」劇組的醫生檢查完艾瑪的身體後，安慰丹尼爾，「她現在健康得和小猴子一樣。」

「可是，她的手在流血，還昏迷不醒呢！」丹尼爾緊張得心都要跳出來了，他握住艾瑪流血的手，不知做什麼好。

「她真的沒事，相信我吧！」劇組醫生說道，「艾瑪，不要再逗丹尼爾

了，你想嚇死他嗎？」

艾瑪終於睜開眼睛，笑著說：「丹尼爾，我真的沒有事的。」說完還站起來跳了兩下給丹尼爾看，「你看，手腳完好，漂亮的臉蛋也沒有受傷！」

「可是，你的手在流血啊。」丹尼爾還是不放心。

「只是擦破了皮而已。」艾瑪說，「丹尼爾，你不會生氣吧。」

「你沒事，眞是上帝保佑，嚇死人了。」丹尼爾才不會和艾瑪斤斤計較呢！

艾瑪的手受了傷，吃飯時總有些不方便，丹尼爾便擔任起了艾瑪的保姆，他幫艾瑪倒水，甚至餵他吃東西。

「哈哈，丹尼爾，你介意餵我吃東西嗎？」劇組的人看到丹尼爾餵艾瑪吃東西時，便打趣詢問丹尼爾，「假如，你們的手也受傷了，我也會餵的。」丹尼爾認眞的說。

「丹尼爾，你眞是太好了，我請客，你想吃什麼？」休息的時候，艾瑪問丹尼爾。

「我們是好朋友嘛！照顧你是應該的！不過，假如你眞的不介意的話，我眞想吃麥當勞呢，很久沒有吃了哦！」丹尼爾說。

「好啊！」艾瑪大方地說，「我請你吃麥當勞的新產品。」

愛漂亮的艾瑪和魯伯特

每次拍攝新場景的時候，艾瑪都是花費最多時間的一個。不過，她的時間不是花在鏡頭上，而是服飾上。

愛美的艾瑪怎麼可能隨隨便便就上鏡呢，所以，在化妝師指定的服飾範圍內，艾瑪總是要想辦法地使自己的衣服看起來更漂亮一些。比如，多個小髮夾，或者是多個蕾絲花邊等等。

「丹尼爾，你看，這樣是不是更漂亮一點？」艾瑪讓丹尼爾看自己的髮夾。

丹尼爾仔細地看了看：「的確是好看多了。」

「好啦，艾瑪，你已經夠美了，我實在是看不出那個小髮夾好看在哪

裡？」魯伯特不耐煩地說。

不拍戲的時候，艾瑪就會拉著丹尼爾和她逛街，當然啦，這個時候丹尼爾最重要的角色就是搬運工，艾瑪一路走一路看一路買，丹尼爾的手中滿滿是各式各樣的袋子。

「丹尼爾，你累嗎？要不要休息一下啊？」艾瑪看著滿頭大汗的丹尼爾，抱歉地說道。

「沒關係的，艾瑪，我很樂意陪你逛街。」丹尼爾說，「不過，如果你不介意的話，我想喝杯可樂，我嘴巴乾的要命。」

艾瑪請丹尼爾喝了好大一杯可樂，兩人又逛了很長的時間，艾瑪很開心，因爲她買到了很多件喜歡的衣服。

「呵……我們的搬運工和購物狂回來了。」正無聊的魯伯特看到艾瑪和丹尼爾，便打趣地說道。

「魯伯特，你也應該出去陪我逛逛街，看你越來越懶惰了，長得太胖的話，女孩們可不喜歡。」艾瑪故意糗魯伯特。

魯伯特的臉紅起來，「誰要女孩子喜歡，你們這些人，唧唧喳喳的煩

死了。」

「說我煩，當心我把你的糗事都抖出去。」艾瑪威脅魯伯特。

「嚇唬誰呀，我有什麼糗事？」魯伯特心虛地說。

「哦，沒有糗事嗎？」艾瑪拉長腔調，慢慢地說道，「昨天誰曬被子呀？」

「好啊，艾瑪，你有本事。」魯伯特的臉漲得通紅，簡直快要哭出來了。

「好啦，艾瑪，你不去試試你的新衣服嗎？」丹尼爾看著魯伯特的樣子，擔心艾瑪會越扯越多，便攔住艾瑪，讓她先走。

「眞是氣死啦，這個死丫頭，總有一天我也要把她的糗事給廣播出去。」魯伯特看著艾瑪的背影，恨恨地說道。

「魯伯特，別和艾瑪生氣，我保證，她絕對是無心的。」丹尼爾繼續勸慰魯伯特。

魯伯特的房間在丹尼爾的隔壁，晚上，丹尼爾洗完澡，正要上床睡覺，有人敲門，他開門一看，原來是魯伯特。

「魯伯特，有事嗎？」丹尼爾問。

「丹尼爾，你是我的好朋友嗎？」魯伯特問丹尼爾。

「當然啦。」丹尼爾認眞地說。

「那你告訴我，我是不是眞得很胖，我要像賈斯汀那樣的身材。」魯伯特害羞地說。

「那是艾瑪隨口說的而已，不要放在心上，我敢肯定，你的身材不比賈斯汀差。」丹尼爾說。

「哦，丹尼爾，謝謝你！」魯伯特開心地擁抱丹尼爾，和他互道晚安之後，高興得哼著歌回房了。

第二天早上，魯伯特穿上一套媽媽爲他買的牛仔勁裝，又在頭髮上抹了一點髮蠟，光鮮亮麗地和丹尼爾一起吃早餐。

「魯伯特，你今天的樣子眞是酷斃了。」丹尼爾看到魯伯特的新造型，吃驚地說，「認識你這麼久，第一次發現你也是很帥的！」

「丹尼爾，你不是在逗我開心吧！」魯伯特不放心地問。

「是眞心話，魯伯特，好朋友怎麼會騙你呢？」丹尼爾認眞地說。

艾瑪一向早起，所以當丹尼爾和魯伯特到餐廳時，她已經吃完正準備離開。

「嗨，這是我認識的魯伯特嗎？」艾瑪驚奇地看著魯伯特，「你今天的樣子眞是帥呆了。」

「我也這樣認爲。」魯伯特毫不謙虛地說。

「再來一副墨鏡就更酷了，我敢保證你比湯姆克魯斯還要帥。」艾瑪興奮地說。

「可是我沒有墨鏡。」魯伯特沮喪地說，爲自己不能比湯姆克魯斯帥而遺憾。

「我有啊，走！」艾瑪拖著魯伯特就走，「今天你將是整個劇組的焦點呢！一定不能少了墨鏡喔。」

心得的寫法

不知不覺，丹尼爾三人已經對各自的角色感到熟悉，扮演起來也不像

以前那麼生澀。

「有時候，我眞的以爲自己就是妙麗呢！」中場休息的時候，艾瑪對丹尼爾說。

「是啊，我也常常這麼想。」丹尼爾說。「魯伯特，你呢？你和我們一樣嗎？」

「那是當然，我也不會例外。」魯伯特說。

導演克里斯哥倫布看到他們現在越來越熟悉自己的角色了，便讓丹尼爾他們寫出自己對各自飾演角色的體會，這讓丹尼爾和魯伯特很爲難。

「我們已經很熟悉自己的角色了，爲什麼還要寫心得呢？」丹尼爾不會寫，便問導演。

「讓你們寫心得的目的，是檢驗你們對角色及對自己的演出打個分數，也爲日後的演出打基礎。」導演克里斯哥倫布說，「這是一個成功演員必做的功課。」

「丹尼爾，你寫了嗎？」魯伯特拿著紙和筆，「讓我看看你是怎麼寫的。」

「我也很頭疼啊，」丹尼爾撓著自己的頭說，「我不大會寫呢！」

「看看艾瑪怎麼寫的吧？」魯伯特說，「我敢肯定她已經開始寫了。」

於是，丹尼爾和魯伯特一起去看艾瑪寫的心得。

沒想到，艾瑪眞的讓他們大吃一驚！只見艾瑪正趴在桌上，認眞地寫了好幾張稿紙。

「艾瑪，你眞讓我們吃驚！」丹尼爾看著艾瑪寫好的心得，由衷地說道。

「艾瑪，你寫那麼多幹嗎？」魯伯特看到艾瑪努力地寫著，不禁有些著急，「我和丹尼爾一個字也沒寫呢！」

「你們爲什麼不寫呢？」艾瑪奇怪地問丹尼爾和魯伯特。

「艾瑪，你怎麼會有這麼多的心得呢？我和魯伯特眞的不知道該怎麼寫！」丹尼爾說，疑惑艾瑪可以寫出這麼多的心得。

「誰叫我是聰明的艾瑪呢！」艾瑪得意地說。

「艾瑪，你將來可以當個了不起的作家！」丹尼爾很羨慕艾瑪可以寫出這麼多的心得。

「我更喜歡演員這個工作！」艾瑪一邊寫一邊回答丹尼爾。

丹尼爾和魯伯惆悵極了，明天就要交心得了，可是他們卻寫不出來。

「我要是像哈利波特那樣可以隱形就好了，這樣導演就找不到我了。」魯伯特悶悶不樂地說。

「我也想隱形呢！」丹尼爾贊同魯伯特的想法。

兩個小夥伴回到自己的房間後，認眞地冥思苦想著。

「哎呀，眞是太麻煩了。」魯伯特抓破了腦袋也想不出一個字來，便安慰自己說，「不寫心得我也可以演好自己的角色。」然後洗澡睡覺了。

丹尼爾邊想邊寫，好不容易才寫好一張稿紙，「我的心得有很多，可是究竟怎麼寫呢？」丹尼爾鬱悶極了。

第二天，三個人走進導演克里斯哥倫布的房間，給他看心得。

艾瑪整整寫了十六頁。

「艾瑪，你眞棒。」導演克里斯哥倫布說，「寫得好極了！」

接著換丹尼爾，只見丹尼爾害羞地拿出一張稿紙，「很抱歉，導演，我費盡心思才寫出這麼多。」

「沒關係的，丹尼爾，至少你努力了。」導演克里斯哥倫布安慰丹尼爾。

接著輪到魯伯特了。

「你的心得呢？」導演克里斯哥倫布問兩手空空的魯伯特。

「導演，其實我有很多心得，可是我不知道應該怎麼寫？」魯伯特大辣辣地說。

「天哪！」導演克里斯哥倫布拍著自己的額頭說，「你們簡直就是眞實的哈利波特、妙麗和榮恩。找你們三個來演眞是最棒的選擇。」

丹尼爾一舉成名後，總有很多的FANS稱呼他爲「哈利波特」。劇組的演員也常稱呼丹尼爾「哈利波特，你好嗎？」

「我演了哈利波特，我是丹尼爾。」丹尼爾就糾正說。

「丹尼爾，你爲什麼總是要糾正他們呢？」艾瑪奇怪的問道，「別人喜歡怎麼叫就怎麼叫，我一點也不介意。」

「我本來就不是哈利波特嘛，如果別人常這麼叫，表示不夠謙虛的。」丹尼爾說。

「你爸爸的想法眞是酷！」魯伯特說。

「難道你願意別人總是叫你榮恩？」丹尼爾問魯伯特。

魯伯特想了想說：「我還是喜歡魯伯特這個名字。」

愛惡作劇的丹尼爾

FANS看到丹尼爾時，他總表現出一抹害羞的笑容。但誰也沒有想到，丹尼爾居然也是一位愛惡作劇的小男孩。

第一個受害者當然是朝夕相處的卡里特了。卡里特是一隻體型壯碩的牧羊犬，但這個大塊頭，卻膽小如鼠，膽量和體型嚴重不相配！

這天，丹尼爾到超級市場買了一隻毛茸茸的玩具老鼠。回到家後，丹尼爾吃著漢堡，由於卡里特也喜歡漢堡，所以，只要丹尼爾一吃漢堡，卡里特便仗著體型高大的優勢，想搶丹尼爾的漢堡吃。當時，丹尼爾只有六歲，搶不過卡里特，只有望「堡」興嘆的份，每次卡里特吃完後，總是心滿意足的舔舔嘴，似乎在說「味道眞是好極了」，這丹尼爾又氣又無奈。

卡里特最怕的是毛茸茸的、灰不溜秋的老鼠。丹尼爾發現了卡里特這一個缺點後簡直樂不可支，他終於找到制伏卡里特的方法了。

這天，丹尼爾到超市買了一隻毛茸茸的玩具老鼠。

回到家後，丹尼爾拿了個漢堡吃起來。丹尼爾一邊吃漢堡，一邊看著卡里特。卡里特看到丹尼爾手中的漢堡，跑過來準備搶食。丹尼爾把漢堡藏在身後，左手快速的伸出，把玩具老鼠放在卡里特的眼前，卡里特驚叫一聲，一溜煙地跑回自己的窩去，於是丹尼爾開心地吃著自己的漢堡。

機靈的吉米也曾經上過丹尼爾的當呢！

丹尼爾的家中有一個斷了一支腳的椅子，媽媽把這張破椅子扔到了庭院的角落，等收垃圾的工人來的時候再把它拿走。

丹尼爾趁著媽媽不在家的時候，把破椅子拿進來，在斷的地方抹了一些強力膠，讓它看起來是完好無缺的。

吉米到丹尼爾家中玩時，丹尼爾故意讓吉米坐上那張椅子。

結果可想而知，當吉米一屁股坐上去時，只聽見「喀嚓」一聲，椅子腳斷了。

「吉米，你沒事吧？」丹尼爾立即走過去詢問坐在地上發呆的吉米，吉米似乎還不明白究竟發生了什麼事情，呆呆地看著丹尼爾說：「對不起，丹尼爾，是我不小心」。

「沒關係的，吉米，只是一把椅子。」丹尼爾忍住笑，安慰吉米說。

「哎呀，吉米，你眞是的，弄壞人家的椅子。」伊莎貝拉嘲笑吉米。

吉米的臉通紅，羞得不知道說什麼好。

「好啦，伊莎貝拉，吉米也不是有意的，再說，那不過是一把破椅子。」丹尼爾看到吉米那麼害羞不安的樣子，實在不忍心繼續捉弄吉米，便承認了自己的惡作劇。

「好啊，丹尼爾，你就是這麼對待朋友的嗎？」吉米假裝生氣。

「對不起，吉米。」丹尼爾向吉米道歉。

最後，丹尼爾請吉米吃麥當勞大餐，吉米才和丹尼爾合好，兩個好朋友不計前嫌，繼續交往。

當然，和魯伯特、艾瑪這兩位也愛搗蛋的朋友們在一起，惡作劇就像是家常便飯一樣簡單。

最特別的一次是他們合夥作弄化妝師。

魯伯特把化妝師的化妝包偷偷藏起來，等到導演要求化妝師爲演員化妝時，卻發現自己的化妝包不見了。

化妝師著急得額頭冒汗。「你們有誰看到我的化妝包了嗎？」化妝師大聲地問其他人。

「沒有看到。」大夥兒回答，其中魯伯特的聲音最爲響亮。

「我倒是有一個化妝箱，先借給你用用怎麼樣？」艾瑪假裝好人似的對化妝師說。

「我需要的很多東西你都沒有的，這可怎麼辦啊？」化妝師著急得像個無頭蒼蠅般亂轉起來。

看到化妝師著急的樣子，丹尼爾覺得應該把化妝包還給她了，魯伯特和艾瑪也正有此意。於是，三人拿出化妝包，還給了化妝師，並眞誠向她道歉。

「哈哈……我就知道是你們三個小鬼藏了起來，怎麼樣，我的演技也不錯的吧？」化妝師接過包包，得意地問丹尼爾他們。

「哦，原來你在耍我們啊！」丹尼爾恍然大悟。

「誰叫你們三個小壞蛋捉弄我，哈哈……現在反倒是讓我捉弄了。」化妝師開心地笑了起來。

第八章
迎向未來

人小志氣高

丹尼爾是一個很有想法的孩子，早在五歲的時候，就立志要當一個演員了，即使父母爲他的理想擔心。他認爲，自己喜歡的事情就要去嘗試，是否成功並不是很重要。

「但是，丹尼爾，你還小，我和你媽媽擔心這樣會影響你的自信心。」爸爸擔心地說，「那樣對你的成長是似乎不利。」

「放心吧，爸爸，我只是想試一下，不會那麼嚴重的。」丹尼爾安慰父親。

「丹尼爾，你應該再考慮考慮。」父親企圖繼續勸阻丹尼爾。

「爸爸，你放心吧，我不是害怕失敗、弱軟不堪的人。」丹尼爾笑著說。

「但是，丹尼爾，我還是提醒你，演員是一個很辛苦的職業，它並不像表面上那樣風光。」爸爸提前給丹尼爾打預防針。

「爸爸，你說得好深奧啊，我要去睡覺了。」丹尼爾故意打哈欠說，今天的爸爸有點囉嗦，還是早點睡覺的好。

「這個孩子，眞是的。」爸爸看著丹尼爾的背影搖搖頭。

「是不是很失落啊？」媽媽看著丹尼爾說，「呵呵……兒子長大了，開始有自己的想法了。」媽媽調侃爸爸。

丹尼爾是一個安靜的孩子，常常會坐在角落，安靜地看著手中的書本。我們當然不必爲他擔心，丹尼爾並不是書呆子，他喜歡聽搖滾樂，也很喜愛運動。

就像現在，活潑的吉米又拿著球拍來找丹尼爾了。

「丹尼爾！」吉米揮舞著手中的球拍向丹尼爾喊道。

「哈哈，吉米，你還眞有毅力啊。」丹尼爾笑道，因爲吉米屢戰屢敗、屢敗屢戰，丹尼爾眞的佩服他的勇氣。

「反正你贏了也沒有獎牌，我輸了也不罰錢。」吉米一副很想得通的樣子。

「你眞是樂觀！」伊莎貝拉嘲笑吉米。

「遊戲嘛！開心就好。」吉米今天的脾氣出奇的好，一點也不介意伊莎

貝拉的嘲笑。

「吉米，你沒事吧？」丹尼爾奇怪地問道。

「我沒事啊，怎麼啦？」吉米奇怪地問丹尼爾。

「你今天怎麼對伊莎貝拉的態度這麼好？」丹尼爾問。

「我是男孩子嘛，應該有紳士風度的。」吉米笑著說，丹尼爾也開心地笑了，「吉米，你將會是英國最出色的紳士。」丹尼爾稱讚吉米。

「但願如此！」吉米當仁不讓地說。

在拍攝《哈利波特——神秘的魔法石》時，丹尼爾對導演克里斯·哥倫布的工作產生濃厚的興趣，沒有他的戲份時，丹尼爾就圍繞導演，觀看他是如何工作，當導演不忙的時候，丹尼爾便會向他請教一些問題。而克里斯·哥倫布導演很喜歡這個文靜好學的孩子。

「丹尼爾，你喜歡導演工作嗎？」導演問。

「喜歡。」丹尼爾認眞的回答說，「我覺得你工作很認眞，是整個劇組的核心。」

「呵呵……學會拍馬屁了。」克里斯導演說。

起來。

「我眞的是這樣想！」丹尼爾有些著急，一著急，漂亮的小臉蛋就紅了

「在逗你玩呢！」導演拍拍丹尼爾的頭，安慰他。

「克里斯・哥倫布先生，你願意收我做你的徒弟嗎？」丹尼爾認眞地說。

「好啊，沒問題的，我喜歡好學的孩子。」克里斯哥倫布說。

丹尼爾眞是開心極了，有了克里斯・哥倫布的指導，他的導演夢不遠了！

愛情的煩惱？

在很多人眼中，丹尼爾就是個無所不能的小魔法師。只要他伸出手，沒有他拿不到的東西，很多小女孩喜歡丹尼爾，丹尼爾一時間成了英國小女孩們心中的白馬王子。

但丹尼爾眞的有那麼神奇嗎？沒錯，丹尼爾不是魔法師，他只是倫敦

一位普通的男孩，要上課、要寫作業、要面對許許多多成長的煩惱。而最讓丹尼爾頭疼的一件事就是成績單應不知該往哪裡藏，他的成績不能讓他理直氣壯。

由於拍戲占用了丹尼爾大量的時間，所以丹尼爾花在課堂上學習的時間相對減少。這點讓丹尼爾相當煩惱而且害羞，因爲總是不理想的考試成績，對哈利波特的FANS和爸媽來說也不好交代，這讓丹尼爾難爲極了。

雖然丹尼爾想把成績單藏起來，但最後還是老老實實地交給了爸爸，因爲他是誠實的孩子。爸爸看了看丹尼爾的成績單，「似乎不是很好哦，丹尼爾！」爸爸臉色嚴肅，正等待著丹尼爾的解釋。

「是的，爸爸。」丹尼爾答應道。

「丹尼爾，你知道是什麼原因嗎？」爸爸繼續問道，「我想知道你爲什麼會有這樣的成績。」

「拍戲用的時間太長了。」丹尼爾說。

「丹尼爾，你還是學生，課業還是最重要的，我希望你把讀書擺在第一位，爸爸不希望你將來是一個不學無術的孩子！」爸爸的口氣越來越重，

丹尼爾害怕地低下頭。

「爸爸，我將有一個月的假期，我會在伊麗莎的幫助下，把功課都複習完的。」丹尼爾要讓爸爸放心。

「希望你下次的成績單不再是這個樣子了。」爸爸仍然很嚴肅的樣子。

丹尼爾鬆了一口氣，他拿著書本，一溜煙地去找伊麗莎。

然而，撇開讀書不談，丹尼爾的煩惱也不少。

在接拍《哈利波特——神秘的魔法石》之前，丹尼爾只是一位再普通不過的小學生，他很感激上帝讓他因哈利波特一夜成名，不過，丹尼爾並不打算如此「波特」一輩子。

「我想將來有機會的話還要嘗試其他角色，總不能一輩子就演一個哈利波特吧！」丹尼爾說，藍色的眼睛閃爍著智慧的光芒。

在同學們眼中，丹尼爾還是以前那個害羞的男孩子，吉米仍經常和他勾肩搭背一起打羽毛球。

「丹尼爾，你會不會用魔法和我打球啊？」拿起球拍，吉米有點擔心地問道。

「哈哈……吉米，你擔心我會魔法嗎？如果我會魔法，早就在成績單上動手腳了。」丹尼爾笑著說。

「吉米，丹尼爾不用魔法，你也打不過他，你本來就是他的手下敗將嘛！」伊莎貝拉故意氣吉米。

吉米狠狠地瞪了伊莎貝拉一眼，這個伊莎貝拉總是和他犯沖，眞是太討厭了。伊莎貝拉也不理會吉米怨恨的目光，她開心地和伊麗莎打起球來。

「爲什麼你們總是要鬥嘴呢！」丹尼爾奇怪地問。

吉米撓撓頭，看著丹尼爾，奇怪自己爲什麼老是和伊莎貝拉像仇人一樣呢！

「眞是……眞是……」吉米實在是不知道怎樣回答。

「你是不是喜歡她啊？」丹尼爾悄悄地問吉米。

吉米的臉紅通通的像顆蘋果：「丹尼爾，你眞是討厭得可以。」

「艾瑪說，你們男生喜歡女孩子的方式就是不停地找對方麻煩，我覺得你就是這樣，但爲什麼要找麻煩呢？直接告訴她你喜歡她好了唄！」

「丹尼爾，我不和你打球了，你這個討厭鬼。」吉米扔下球拍，又氣又羞地跑回了家。

「眞是的。」丹尼爾不高興地說，「說不打就不打，害我心情不好。」

爸爸回來後，丹尼爾向他請教和吉米有關的問題。

「小孩子嘛，都是這樣的，長大了就好了。」爸爸覺得好笑。

「爸爸，你小的時候也是這樣的嗎？」丹尼爾問爸爸。

爸爸拒絕回答丹尼爾的問題，靜靜地在一旁看新聞，丹尼爾覺得爸爸不能解答他心中的謎團，只好乖乖回房睡覺了。

不是問題的問題

雖然丹尼爾的財富直追哈利王子，但是，在整個英國少女的心目中，丹尼爾卻是要比哈裡王子帥許多倍，也難怪有影迷當眾向丹尼爾求婚了。

「其實，丹尼爾，你也應該有女朋友了。」艾瑪提醒丹尼爾。

丹尼爾臉紅，「艾瑪，我還小，長大再說。」

「不小了，丹尼爾，我們已經十五歲了。」一邊的魯伯特插嘴道。

「是啊，丹尼爾，你看魯伯特都有女朋友了。」艾瑪說，「我覺得你應該也要交一個女朋友。」

「以後會有的。」丹尼爾臉紅紅地說。

「丹尼爾，你不會暗戀艾瑪吧？」魯伯特問丹尼爾。

這下丹尼爾的臉越來越紅，相反的，一向大方的艾瑪，卻也滿臉通紅。

「魯伯特，你是個討厭鬼，」艾瑪說完就拉著丹尼爾走了。

「眞是的，開個玩笑而已，幹麼生氣啊？」魯伯特抓抓自己的後腦勺，不明白艾瑪爲什麼生氣。

自從有女影迷公開向丹尼爾求婚後，丹尼爾是否有女朋友的問題便成了全劇組關心的問題。

「丹尼爾，你有女朋友嗎？」

「丹尼爾，你喜歡什麼樣的女孩子？」

「丹尼爾，艾瑪不錯哦。」

「丹尼爾，你可以交女朋友啦！」

就連不在身邊的父母，也打電話問丹尼爾是否有了女朋友。

丹尼爾每天被這樣的問題包圍著，鬱悶得簡直要跳樓，魯伯特已經有女朋友了，約會、打電話，自然是沒有時間搭理丹尼爾，至於其他人呢？丹尼爾在他們心目中根本是一個小孩，和他們在一起，找不到共同的話題，說來說去，也只能找艾瑪談心了。

「艾瑪，為什麼他們這麼關心我有沒有女朋友啊？」丹尼爾問艾瑪，很鬱悶的樣子。

「別介意別人怎麼說。」艾瑪安慰丹尼爾。

丹尼爾休假半個月，吉米很開心，早早就在丹尼爾家等待他。

「嗨，吉米，看到你真是開心！」丹尼爾和吉米打招呼。

「看見你更開心！」吉米開心地擁抱丹尼爾。

「你今天好奇怪哦！」和吉米不是第一次認識了，吉米可是第一次擁抱他哦！

「丹尼爾，身為好朋友，我必須要告訴你，我有女朋友啦！」吉米開心

地說。

「是嗎，可以介紹給我認識嗎？」丹尼爾也為麥可開心。

「當然沒問題啦！」吉米大方地說。

「什麼時候？」丹尼爾期待早點看到吉米的女朋友。

「你轉過去看看。」吉米示意丹尼爾看看自己的身後。

丹尼爾奇怪地轉過去，伊莎貝拉正笑著看著自己呢！

「你們……你們！」丹尼爾驚奇極了，「湯姆呢？」

「以前是你們誤會伊莎貝拉和湯姆了，他們只是好朋友。」吉米解釋說。

「你們兩個傢伙……」丹尼爾捶了吉米一拳。

「現在應該告訴我你的問題了吧？」吉米說。

「我有什麼問題啊？」丹尼爾奇怪地問。

「就是女朋友的問題啊。」伊莎貝拉搶先說道。

這樣的問題問得多了，丹尼爾已經可以應付自如了，所以，他笑著說，「吉米，我的問題根本就不是問題，我可以回答，也可以不回答，假

如你眞的想知道，你應該自己去發現。」

「這是什麼嘛？」吉米被丹尼爾說得糊裡糊塗的，看著丹尼爾的背影發呆。

受歡迎的煩惱

丹尼爾天生一幅好面孔，無論走到哪裡，都受到女孩子的青睞，這也難怪他總是走桃花運，連自命瀟灑的魯伯特有時候都要吃丹尼爾的醋呢。

「丹尼爾，我覺得我長得比你帥，爲什麼那些女孩子都喜歡你？」這問題讓魯伯特鬱悶不已，只好問丹尼爾。

原來，今天丹尼爾和魯伯特一起去百貨公司爲艾瑪買生日禮物。百貨公司裡人多，丹尼爾和魯伯特帶著墨鏡，把衣領翻得高高的。

「魯伯特，我們像不像超級特務？」丹尼爾伸手做了一個拔槍的動作。

「是的，丹尼爾，你的樣子很酷。」魯伯特假裝射擊的樣子，對丹尼爾說道。

他們認爲穿成這個樣子出門，肯定沒有人認出。

丹尼爾和魯伯特開心地在百貨公司內走來走去，買了不少喜歡的東西。

該爲艾瑪選禮物了，丹尼爾覺得應該送艾瑪香水，魯伯特認爲艾瑪更喜歡口紅。

兩個人爭執不下，最後，丹尼爾有些著急，便摘下墨鏡，準備和魯伯特好好理論一翻，而魯伯特也摘下墨鏡，打算和丹尼爾好好談談。

此時，旁邊正在選購物品的女孩子認出了丹尼爾，「丹尼爾！」她驚喜的叫了起來。

丹尼爾一時楞在原地，不知道如何是好。

魯伯特看著那個女孩子，希望她也能認出自己，可是，那個女孩子只看著丹尼爾，魯伯特失望極了。

丹尼爾抓住魯伯特的手，逃也似的跑了出去。

「丹尼爾，你總是更容易討女孩歡心。」沒有被人認出來，魯伯特覺得鬱悶。

「有什麼好的？」丹尼爾說，「我都沒有自由呢！」

「倒也是。」魯伯特想通之後說，「我可以自由地去想去的地方，你就沒有那麼幸運囉！」

這下子換丹尼爾開始鬱悶了，魯伯特則開心地繼續往前走。

受歡迎丹尼爾這天和吉米約好一起去郊區玩。兩人準備好食物，綁好最愛的羽毛球拍，推出腳踏車，正準備出發時，伊莎貝拉卻來了。

吉米沮喪地看著丹尼爾，「看吧，我早知道她會來的。」

「為什麼不歡迎我來呢？」伊莎貝拉好奇地看著吉米。

「因為你總是給我添麻煩。」吉米氣衝衝地說。

「吉米，你也太沒有風度了。」伊莎貝拉也氣衝衝地說。

「好啦，你們見面總是要鬥嘴，很煩。」丹尼爾看著吉米說，「你是男孩子欸，有點風度吧！」

「是啊，吉米，你為什麼那麼討厭我呢？」伊莎貝拉奇怪地問吉米。

「我不討厭你，是你總是罵我！」吉米委屈地說道。

「沒有這回事！」伊莎貝拉也委屈地說。

解。

「吉米，你想太多了，伊莎貝拉沒有罵你。」丹尼爾也為伊莎貝拉辯

「可是，他老是說我球打得不好，還說我沒有風度。」吉米鬱悶地說。

「我眞的這樣說過嗎？」伊莎貝拉奇怪地說道。

「你經常這樣說的。」丹尼爾同意吉米的話。

「我也不是有意的。」伊莎貝拉說。

「伊莎貝拉，我知道你不是有意的，可是你不應該那麼不客氣地批評吉米，這樣會令吉米很傷心的。」丹尼爾對伊莎貝拉說，「吉米本來就很喜歡你，你總是罵他，他當然難過啦。」

伊莎貝拉的臉紅了，「丹尼爾，你喜歡誰啊？」

這次輪到丹尼爾臉紅了：「伊莎貝拉，你又開始胡說了。」

「哎呀，丹尼爾，幹嘛害羞啊，你喜歡伊麗莎還是喜歡艾瑪？」吉米也過來說。

「你們兩個現在好啦？」丹尼爾看著伊莎貝拉和吉米親熱的樣子開心地笑了。

「好了啦，丹尼爾，我們出發吧！」吉米想起今天是要去郊外玩的，便催促丹尼爾。

於是，三人開心地出發，而吉米和伊莎貝拉也忘了最初要逼問丹尼爾到底喜歡誰的問題。

關於未來

丹尼爾藉《哈利波特——神秘的魔法石》一舉成名，既而又陸續拍出第二、三、四集。很多人猜測，也許丹尼爾會一直這麼「波特」下去。但丹尼爾卻有自己的想法。

根據澳洲媒體指出，丹尼爾除了拍攝《哈利波特》系列電影之外，他將會在宣傳完《哈利波特——火盃的考驗》後，再拍攝一部以孤兒題材的影片《December Boys》。

該劇以澳洲作家Michael Noonan的小說《December Boys》改編，講述一九六〇年代四位孤兒為爭取一對年輕夫婦領養的故事。丹尼爾將飾演其

中其中一位孤兒，其他三位孤兒的人選目前還未決定。

由丹尼爾主演的哈利波特系列電影在全球無不賣座，而他將演出非哈利波特系列電影的消息傳出後，相信將會有更多影迷拭目以待丹尼爾的新角色。

據傳在《哈利波特——火盃的考驗》宣傳工作告一段落之後，丹尼爾將前進澳洲拍攝新片《December Boys》，至於《哈利波特——鳳凰會的密令》什麼時候會開拍，大家可能得問問丹尼爾本人了。

脫下斗篷的哈利—丹尼爾．雷德克里夫

作　　者　鍾淼淼

發 行 人　林敬彬
主　　編　楊安瑜
編　　輯　蔡穎如
美術設計　洸譜創意設計股份有限公司
封面設計　洸譜創意設計股份有限公司

出　　版　大都會文化事業有限公司　行政院新聞局北市業字第89號
發　　行　大都會文化事業有限公司
110台北市基隆路一段432號4樓之9
讀者服務專線：(02) 27235216
讀者服務傳真：(02) 27235220
電子郵件信箱：metro@ms21.hinet.net
大都會網址：www.metrobook.com.tw

郵政劃撥　14050529 大都會文化事業有限公司
出版日期　2005年09月初版一刷
2007年02月初版廿十一刷
定　　價　220元
I S B N　986-7651-48-0
書　　號　98020

Metropolitan Culture Enterprise Co., Ltd.
4F-9, Double Hero Bldg., 432, Keelung Rd., Sec. 1, Taipei 110, Taiwan
TEL:+886-2-2723-5216 FAX:+886-2-2723-5220
e-mail:metro@ms21.hinet.net
Website:www.metrobook.com.tw

※Picture Acknowlegment:Getty Images, Colphoto

國家圖書館出版品預行編目資料

脫下斗篷的哈利：丹尼爾．雷德克里夫／鍾淼淼著．
——初版.——臺北市：大都會文化, 2005[民94]
面：　公分.--(人物誌；98020)
ISBN 986-7651-48-0(平裝)
1.雷德克里夫(Radcliffe, Daniel)-傳記

784.18　　94015560

大都會文化圖書目錄

●度小月系列

書名	價格	書名	價格
路邊攤賺大錢【搶錢篇】	280元	路邊攤賺大錢2【奇蹟篇】	280元
路邊攤賺大錢3【致富篇】	280元	路邊攤賺大錢4【飾品配件篇】	280元
路邊攤賺大錢5【清涼美食篇】	280元	路邊攤賺大錢6【異國美食篇】	280元
路邊攤賺大錢7【元氣早餐篇】	280元	路邊攤賺大錢8【養生進補篇】	280元
路邊攤賺大錢9【加盟篇】	280元	路邊攤賺大錢10【中部搶錢篇】	280元
路邊攤賺大錢11【賺翻篇】	280元		

●DIY系列

書名	價格	書名	價格
路邊攤美食DIY	220元	嚴選台灣小吃DIY	220元
路邊攤超人氣小吃DIY	220元	路邊攤紅不讓美食DIY	220元
路邊攤流行冰品DIY	220元		

●流行瘋系列

書名	價格	書名	價格
跟著偶像FUN韓假	260元	女人百分百—男人心中的最愛	180元
哈利波特魔法學院	160元	韓式愛美大作戰	240元
下一個偶像就是你	180元	芙蓉美人泡澡術	220元

●生活大師系列

書名	價格	書名	價格
遠離過敏—打造健康的居家環境	280元	這樣泡澡最健康 —紓壓・排毒・瘦身三部曲	220元
兩岸用語快譯通	220元	台灣珍奇廟—發財開運祈福路	280元
魅力野溪溫泉大發見	260元	寵愛你的肌膚—從手工香皀開始	260元
舞動燭光—手工蠟燭的綺麗世界	280元	空間也需要好味道—打造天然相氛的68個妙招	260元

●寵物當家系列

書名	價格	書名	價格
Smart養狗寶典	380元	Smart養貓寶典	380元
貓咪玩具魔法DIY —讓牠快樂起舞的55種方法	220元	愛犬造型魔法書—讓你的寶貝漂亮一下	260元
我的陽光・我的寶貝—寵物真情物語	220元	漂亮寶貝在你家—寵物流行精品DIY	220元
我家有隻麝香豬—養豬完全攻略	220元		

●心靈特區系列

書名	價格	書名	價格
每一片刻都是重生	220元	給大腦洗個澡	220元
成功方與圓—改變一生的處世智慧	220元	轉個彎路更寬	199元
課本上學不到的33條人生經驗	149元	絕對管用的38條職場致勝法則	149元

●人物誌系列

書名	價格	書名	價格
現代灰姑娘	199元	黛安娜傳	360元
船上的365天	360元	優雅與狂野—威廉王子	260元
走出城堡的王子	160元	殞逝的英格蘭玫瑰	260元
貝克漢與維多利亞 —新皇族的真實人生	280元	幸運的孩子—布希王朝的真實故事	250元
瑪丹娜—流行天后的真實畫像	280元	紅塵歲月—三毛的生命戀歌	250元
風華再現—金庸傳	260元	俠骨柔情—古龍的今生今世	250元
她從海上來—張愛玲情愛傳奇	250元	從間諜到總統—普丁傳奇	250元
脫下斗篷的哈利—丹尼爾・雷德克里夫	220元		

●都會健康館系列

書名	價格	書名	價格
秋養生—二十四節氣養生經	220元	春養生—二十四節氣養生經	220元
夏養生—二十四節氣養生經	220元	冬養生—二十四節氣養生經	220元

●SUCCESS系列

書名	價格	書名	價格
七大狂銷戰略	220元	打造一整年的好業績—店面經營的72堂課	200元
超級記憶術—改變一生的學習方式	199元	管理的鋼盔 —商戰存活與突圍的25個必勝錦囊	200元
搞什麼行銷 —152個商戰關鍵報告	220元	精明人聰明人明白人 —態度決定你的成敗	200元
人脈=錢脈 —改變一生的人際關係經營術	180元	週一清晨的領導課	160元
搶救貧窮大作戰の48條絕對法則	220元		

●CHOICE系列

書名	價格	書名	價格
入侵鹿耳門	280元	蒲公英與我—聽我說說畫	220元
入侵鹿耳門（新版）	199元	舊時月色（上輯＋下輯）	各 180元

●禮物書系列

書名	價格	書名	價格
印象花園 梵谷	160元	印象花園 莫內	160元
印象花園 高更	160元	印象花園 竇加	160元
印象花園 雷諾瓦	160元	印象花園 大衛	160元
印象花園 畢卡索	160元	印象花園 達文西	160元
印象花園 米開朗基羅	160元	印象花園 拉斐爾	160元
印象花園 林布蘭特	160元	印象花園 米勒	160元
絮語說相思 情有獨鍾	200元		

●FORTH系列

印度流浪記—滌盡塵俗的心之旅	220元	胡同面孔—古都北京的人文旅行地圖	280元

●工商管理系列

二十一世紀新工作浪潮	200元	化危機為轉機	200元
美術工作者設計生涯轉轉彎	200元	攝影工作者快門生涯轉轉彎	200元
企劃工作者動腦生涯轉轉彎	220元	電腦工作者滑鼠生涯轉轉彎	200元
打開視窗說亮話	200元	文字工作者撰錢生活轉轉彎	220元
挑戰極限	320元	30分鐘行動管理百科（九本盒裝套書）	799元
30分鐘教你自我腦內革命	110元	30分鐘教你樹立優質形象	110元
30分鐘教你錢多事少離家近	110元	30分鐘教你創造自我價值	110元
30分鐘教你Smart解決難題	110元	30分鐘教你如何激勵部屬	110元
30分鐘教你掌握優勢談判	110元	30分鐘教你如何快速致富	110元
30分鐘教你提昇溝通技巧	110元		

●精緻生活系列

女人窺心事	120元	另類費洛蒙	180元
花落	180元		

●CITY MALL系列

別懷疑！我就是馬克大夫	200元	愛情詭話	170元
唉呀！真尷尬	200元	就是要賴在演藝圈	180元

●親子教養系列

孩童完全自救寶盒（五書+五卡+四卷錄影帶）	3,490元（特價2,490元）
孩童完全自救手冊—這時候你該怎麼辦（合訂本）	299元
我家小孩愛看書—Happy學習easy go！	220元

●新觀念美語

NEC新觀念美語教室12,450元（八本書+48卷卡帶）

您可以採用下列簡便的訂購方式：

◎請向全國鄰近之各大書局或上大都會文化網站 www.metrobook.com.tw選購。

◎劃撥訂購：請直接至郵局劃撥付款。

帳號：14050529

戶名：大都會文化事業有限公司

（請於劃撥單背面通訊欄註明欲購書名及數量）

廣告回函
北區郵政管理局
登記證北台字第9125號
免貼郵票

大都會文化事業有限公司

讀者服務部　收

110台北市基隆路一段432號4樓之9

寄回這張服務卡〔免貼郵票〕
您可以：
◎不定期收到最新出版訊息
◎參加各項回饋優惠活動

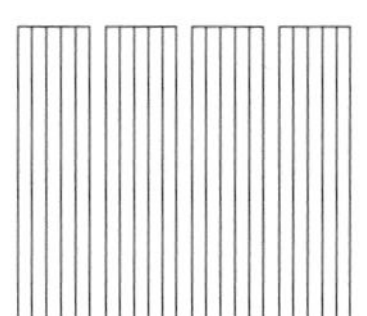

大都會文化　讀者服務卡

書名：**脫下斗篷的哈利—丹尼爾·雷德克里夫**

謝謝您選擇了這本書！期待您的支持與建議，讓我們能有更多聯繫與互動的機會。
日後您將可不定期收到本公司的新書資訊及特惠活動訊息。

A. 您在何時購得本書：______年______月______日

B. 您在何處購得本書：____________書店，位於____________(市、縣)

C. 您從哪裡得知本書的消息：
1.□書店　2.□報章雜誌　3.□電台活動　4.□網路資訊
5.□書籤宣傳品等　6.□親友介紹　7.□書評　8.□其他

D. 您購買本書的動機：（可複選）
1.□對主題或內容感興趣　2.□工作需要　3.□生活需要
4.□自我進修　5.□內容為流行熱門話題　6.□其他

E. 您最喜歡本書的：（可複選）
1.□內容題材　2.□字體大小　3.□翻譯文筆　4.□封面　5.□編排方式　6.□其他

F. 您認為本書的封面：1.□非常出色　2.□普通　3.□毫不起眼　4.□其他

G. 您認為本書的編排：1.□非常出色　2.□普通　3.□毫不起眼　4.□其他

H. 您通常以哪些方式購書：(可複選)
1.□逛書店　2.□書展　3.□劃撥郵購　4.□團體訂購　5.□網路購書　6.□其他

I. 您希望我們出版哪類書籍：（可複選）
1.□旅遊　2.□流行文化　3.□生活休閒　4.□美容保養　5.□散文小品
6.□科學新知　7.□藝術音樂　8.□致富理財　9.□工商企管　10.□科幻推理
11.□史哲類　12.□勵志傳記　13.□電影小說　14.□語言學習（_____語）
15.□幽默諧趣　16.□其他

J. 您對本書(系)的建議：

K. 您對本出版社的建議：

讀者小檔案

姓名：______________性別：□男　□女　生日：____年____月____日

年齡：1.□20歲以下 2.□21—30歲 3.□31—50歲 4.□51歲以上

職業：1.□學生 2.□軍公教 3.□大眾傳播 4.□服務業 5.□金融業 6.□製造業
7.□資訊業 8.□自由業 9.□家管 10.□退休 11.□其他

學歷：□國小或以下 □國中 □高中／高職 □大學／大專 □研究所以上

通訊地址：________________________________

電話：（H）______________（O）______________ 傳真：____________

行動電話：________________ E-Mail：________________________

◎謝謝您購買本書，也歡迎您加入我們的會員，請上大都會文化網站
www.metrobook.com.tw登錄您的資料。您將不定期收到最新圖書優惠資訊和電子報。

INDOR
SLY